地方議会改革の進め方

木下健／加藤洋平

八千代出版

はしがき

　地方議会は誰のために存在しているのか。首長のため、議員のため、首長を支持する議員のため、首長に反対する議員のため、住民のためなど、あらゆる答えが想定されるかもしれない。しかし、これに対する答えは「住民のため」と、ただ1つでなければならない。それにもかかわらず、実態としては複数の回答が存在していると受け止められている可能性がある。住民以外のために、議会が存在しているのではないかという疑念は、地方議会の信頼を揺るがすものであり、号泣議員をはじめとする各種の問題によって引き起こされている。

　2006年以降に地方議会は、失われた信頼を取り戻す、あるいは存在意義を見出すために、自主的な改革に取り掛かり始めた。その動きは全国に拡大し、危機感を抱く多くの議会が議会基本条例を制定するなど、改革に着手している姿勢を見せた。他方で、危機感を抱かない議会については、改革を進めることなく、旧態依然の状態が続いている。

　例えば、朝日新聞の調査によると、47都道府県のうち38道府県が庁舎内を完全禁煙にする一方、議会の禁煙は3割の15府県に留まっていることが報じられた（朝日新聞2018年5月31日）。この調査から、議会の論理と庁舎（執政府側）の論理が異なっており、議会は旧態依然とした体質が残っていることが示唆される。果たして地方議会は、このままでよいのだろうか。この状態に対して、危機感を抱く人は一部に過ぎず、住民ですら強く批判的な態度を示している人は少ない。これは、地方議会改革を地方議員に依存しており、外部からの圧力が弱いために起こっている問題である。住民こそが議員の活動を監視し、議会に対して圧力をかけなければならない。しかし、多くの住民は、議員は住民を代表する尊敬すべき存在であり、圧力をかける監視の対象としては見ていない。政務活動費の不正使用など、何かしらの問題があることが報じられて初めて、監視の対象となり得るという状態が、現状の議会の姿勢を作り出しているといえる。本書はこうした議会の怠惰な現状を打開

することを目的としている。

　本書の狙いは、2006 年以降に展開された地方議会改革の検証を行うことである。議会改革を進める組織形態の違いから、得られる成果が異なることを示している。これは目的と手段の関係であり、明確な目的が定められていたとしても取り得る手段が誤っていれば、期待される成果が得られないことを意味している。つまりそれぞれの議会に応じて、求められる成果は異なっており、それに応じた改革の組織形態を選択しなければならないのである。

　本書を執筆するきっかけは、2014 年に遡る。同志社大学大学院総合政策科学研究科の修了生、有志で構成される研究会を定期的に開き、研究手法や各自の研究に関する議論を行っていた。研究会での過程において、地方議会に関する研究を行うことになった。定量分析を主に用い、議会研究を行っていた木下は、定量分析の箇所を中心に担当することになった。また定性分析を主に用い、行政組織に関する研究を行っていた加藤は、定性分析の箇所を中心に担当することになった。その後、次第に地方議会の奥深さに引き込まれていった。首長と議会が対立・協調を行う二元代表制という特殊な制度に加えて、1 つの選挙区から複数人が当選するいわゆる大選挙区制によって選出される議会構成の多様さ、一見大きな格差がないように思われる地方議会の広がり続ける格差、こうした状況を知るうちに研究の意義を強く感じるようになった。地方議会は、首長と対立できるほど大きな権限を持っているにもかかわらず、ほとんどの議会は権限を行使することなく、首長と協調しているように見える。しかし、実際、議会は執政府とは完全に違う行動を取りながら、多くの面で影響力を与えていることが推察される。ただし、それらの影響力は容易に観察可能なものとはなっておらず、政策決定過程で政策に影響を及ぼしている場合もある。そのため議会の影響力を正確に捉えることは非常に難しいといえる。本書は議会の制度や運用の変更を捉えることで、議会の持つ影響力を判断する材料を提供するものとなっている。

　本書の想定する読者は、意識の高い住民、当事者である地方議員、議員と関わりを持つ行政職員、議会職員、学生、大学院生、研究者などである。議会改革には終わりがなく、一度作成された規定はすぐに時代遅れとなってい

く。そのため、絶えず見直しを行い、改善を心掛けることが求められる。本書の取り上げる成果指標についても同様であり、数年後にはすぐに高次の指標が求められることになる。ただし、議会の基本的な機能である立法機能、討議機能、監視機能や住民参加、透明性の確保、代表性といった観点は、変わることがないと考えられる。これらの観点を複合的に捉えて、議会のあり方を見直していくことが求められ続けるといえよう。

木下　　健

加藤　洋平

目　　次

序　章

なぜ議会改革を始めるのか

　本書は、「いかに議会改革が始められ、進められるのか」という問いに答えることを目的としている。この問いに答えるため、議会改革を始める要因、アクター、進め方、目的に着目し、これらが密接に関係していることを示す。しかし、2006 年以降、全国に広まった議会改革は、目的が不明確であり、不十分で画一的な改革に留まっていること、また始める要因の違いから、自治体間における議会機能の格差が広がっている（神原 2017）[1]。

　議会改革を始める要因として、①財政逼迫、②政務活動費などの不正・住民の関心の高まり、③議会活動が不十分であるという認識、④首長のリーダーシップ・議会の党派性、⑤周辺自治体の改革が挙げられる。これらの要因が重なり合い、議会改革が必要であると判断されたときに、改革の検討を行う何らかの組織形態を採用して、始動することとなる。まず、議会改革が始まるまでの内的及び外的要因について言及する。

　議会改革の内的要因は、当該自治体内部での問題に起因する要因であり、①財政逼迫、②政務活動費などの不正・住民の関心の高まり、③議会活動が不十分であるという認識、④首長のリーダーシップ・議会の党派性である。2007 年 3 月に北海道夕張市は、財政赤字が標準財政規模の 20％を超え、財政破綻に陥り、財政再建団体となった。夕張市は不適切な会計処理をしていたという問題があるものの、一地方自治体が財政破綻に陥るという事態は、全国の自治体において行財政改革の必要性を認識させるほど大きな影響を持った。また、少子高齢化の進展により、医療や年金分野に多額の費用がか

1　神原（2017）は議会間格差について、先駆議会、居眠り議会、寝たきり議会に三分化できることを指摘している。また高沖（2018）は、改革に取り組んでいる議会と取り組んでいない議会の分類として、寝たきり議会、目覚めた議会、居眠り議会、真の改革議会と 4 つに分けている。

かるようになることに加えて、労働人口が減少することで経済成長が鈍化し、地方税収が減少するという問題に直面している。さらに、雇用を維持できなくなった地方から都市部へ人口が流出することにより、自治体の税収は減り、財政が圧迫されることに繋がる。こうした財政逼迫の状況が、議会改革を促す内的な要因の1つとなる。

　次に、政務活動費等の不正問題がマスメディアに取り上げられることで、議会改革が促される。これは議会の透明化を促し、議員に説明責任を求めるように影響することになる。政務活動費の不正受給の問題は近年固有の問題ではないが、大きく報道され、問題としてより認識されるようになっている。近年では、2014年6月に兵庫県議会議員が架空の日帰り出張を繰り返したことにより、政務活動費計1834万円が返還され、辞職後、有罪判決が下されている。また、岡山市においても2011年の政務活動費に不正があったとして、6会派に対して約526万円を返還させる判決が下されている。その他、神戸市議会の自民党神戸が政務活動費の約2310万円を不正利用したとして、2017年8月に市議2人が辞任している。富山市議会では、計4000万円を超える政務活動費の不正使用が判明し、2016年8月に市議14人が辞任する事態となっている。こうした政務活動費の不正利用は、枚挙に暇がないほどであり、そうした報道を目にした住民は、地方議員への不信感を強めることとなる。こうした不信感を払拭するため、議会は透明性を確保することを目的として、住民と意見交換や住民の請願や陳情の内容を議会内で聞くことができるように改革を行っている。

　議会活動が不十分であるという認識は、地方議会不要論に根差している。議会の機能は、立法機能、代表機能、精査・監視機能、政治的リクルートメント機能、正統性付与機能が指摘される（Heywood 2013）。アメリカ型の議会は法案の作成が重視され、立法機能を中心とする一方で、イギリス型の議会は争点の明示が重視され、監視機能を中心とする（Polsby 1975）。議会不要論は、議会が法案を承認するだけのラバースタンプとなり、正統化する機能しか果たしていないと考えられるものである。日本の地方議会においても、首長提案条例がほとんどを占め、議会が条例案を提出することや修正すること

がほとんどないため、ラバースタンプであると認識されている。

　首長のリーダーシップ・議会の党派性も議会改革に影響を与えていると考えられる。首長が強いリーダーシップを発揮し、改革を進めた事例として名古屋市議会が挙げられる。2009年に名古屋市長に当選した河村たかしは、議員報酬を半額の800万円にする公約を掲げた。当選後、半額とする条例案を4度提出しているが、議会により否決されていた。2011年5月より、暫定的に議員報酬を月額50万円、6月と12月の期末手当をそれぞれ100万円の年800万円とする条例が実施されることになった（名古屋市 2011）[2]。しかし、2016年3月、名古屋市議会は、議員報酬を年800万円から655万円増額し、1455万円にする条例案を賛成多数で可決した（日本経済新聞2016年3月9日）。このように首長のリーダーシップが影響し、議会のあり方について検討され、議会改革が推進される[3]。

　議会の党派性は、議会多数派の政党及び構成体としての政党の議席率によって、影響を受けると考えられる。1970年代に社会党などの革新系首長の自治体が登場し、保守系首長とは異なる政策が推進されていたことから、当該自治体の議会多数派によっては、首長と議会が対立することもあった。議会は、首長の推進する政策に対して、修正あるいは監視することにより一定の役割を果たしてきたといえるが、保革相乗り首長が多く出現するようになり、議会の影響は弱まった。このように首長及び議会の党派性は、当該アクターの選好位置を示す指標と考えられ、議会改革の要因として作用するといえる。

　議会改革の外的要因として、周辺自治体における改革の影響が挙げられる。周辺自治体の改革の影響については、伊藤（2002）が提示する動的相互依存

2　名古屋市（2011）「市会だより第126号　議員報酬について―全会一致で制定しました」。
　　http://www.city.nagoya.jp/shikai/page/0000024531.html（2017年11月16日確認）。
3　首長がリーダーシップを発揮した事例に、2007年神奈川県の松沢成文元知事が、議会改革三点セットとして、①議員定数の削減、②政務調査費の使途の透明化、③費用弁償の見直しを設定し、これに賛同する県議会議員候補者を応援・連携するとしたことが挙げられる（礒崎 2017a）。

モデルによって説明することが可能である。地方自治体においては、周辺自治体の改革が進むにつれ、自身の自治体が周辺自治体と比べて遅れを取らないために、当該政策を導入する。こうした現象は政策波及と呼ばれる。そのため、周辺自治体の取り組みを参考にして、新たな政策、取り組みを取り入れていくことになる。この動的相互依存モデルには、社会経済的な環境も考慮されており、社会的・経済的環境の変化に対応することも目的とされる。このように、地方議会改革は、他自治体の改革動向も影響して実施されている。

　以上のような議会改革は、内的・外的要因が複雑に影響し、進められる。こうした背景や動向を踏まえて、本書では、議会改革の検証を行うとともに、いかなる議会改革の組織形態によって取り組みを行うことが、機能向上に繋がるのかを明らかにする。その上で、地方議会に関する研究を取り上げ、従来の行政学、地方自治論の観点だけではなく、政治学の観点から、議会に関する研究をいくつか言及する。

　議会に関する研究は、議会の審議や決定が政策に影響を与えているか否かという立法機能に関する研究と、政策への影響よりも、行政府に対する精査や監視、情報を引き出すといった議会審議に関する研究が並行して行われてきた[4]。日本の地方議会が立法機能として不十分であるとしても、コミュニケーションのメカニズムとして重要であるという Blondel（1973）の指摘は、議会の異なる側面の重要性を強調するものといえる。議会審議に関する研究では、執政府や議会多数派の選好の違い、党執行部の選好や個々の議員の選好に着目されてきた（築山 2011, 松本 2014, Prokcsch and Slapin 2015）。本書では、地方議会の立法機能に関して焦点を当てるとともに、討議機能についても焦点を当てている。ただし、本書が焦点を当てている点は、議員間討議や反問権であり、審議内容ではない。

4　Austen-Smith（1990）は、ゲーム理論のチープトークモデルを用いて、議会審議が政策決定や最終的な成果にほとんど影響を与えないとしているが、情報の提示・交換をすることで、政策決定に影響を与える可能性を示唆している。

1　検証の目的と背景

　本書の目的は、市区町村議会についての議会改革の検証を行い、いかに議会改革を進めていくべきかを明らかにすることである。議会改革の進め方としては、「議会運営委員会」や専門家を取り入れた進め方など多様性を持ち、進め方によって、表れる成果に違いがあると考えられる。北海道栗山町を嚆矢として始まった 2006 年 5 月以降の議会改革の流れは全国に波及し、この議会改革の潮流を第一次議会改革であると捉える。議会改革が実施され始めて 10 年以降が経過し、今後それぞれの自治体に応じた第二次議会改革がなされると予想される。そのため、この第一次議会改革の検証を行い、進め方の違いを明らかにすることを試みる。本書が議会改革の方針を示すことによって、適切な第二次議会改革が今後実施されることが期待される。

　研究の背景として、まず、「なぜ地方議会改革の検証が求められるのか」について、次の 3 点が挙げられる。①栗山町が議会改革を始めて以降、議会改革によって成果が挙がっているのかについて十分な検証がなされていない。地方議会の実態調査は、廣瀬・自治体議会改革フォーラム（2014）や日経グローカル（2011）等によってなされているものの、定量研究は長野（2012, 2017a）を除いて見受けられず、議会改革の検証自体がなされていないことに問題がある。地方議会改革の内容が非常に似通っているとの指摘（竹下 2010）もあり、さらなる検証が必要である。

　②地方議会の研究はデータの充実さの違いにより、都道府県レベルが中心であり、市区町村レベルのデータ分析がほとんど見受けられない。基礎自治体として、市区町村は政策形成の基本となるため、より重要な位置づけとなる。

　次に、③市区町村議会・自治体を取り巻く環境の変化が挙げられる。2000 年 4 月に地方分権一括法が施行されて以降、市区町村の条例制定権は大幅に増大したといえる。地方分権下の時代において、市区町村は政策実施主体としてだけではなく、政策形成主体として機能することが求められている。そ

れに加えて、2007年3月に財政再建団体となった夕張市の財政破綻は、各自治体に大きな影響を与えた。少子高齢化が進む社会において、各自治体は財政難に陥っている。それにもかかわらず、住民からの要望は強まり、困難な対応が迫られている状況にある。こうした自治体を取り巻く環境の変化によって、地方議会の役割がより重要となってきている。

2　首長と議会の関係

地方議会改革を考える上で、地方自治制度の二元代表制は極めて重要な意味を持つ。それは有権者から選挙によって直接選出される首長と地方議会議員という2つの機関が相互に抑制・均衡し合うためである。しかし、実態としては首長が執政機関として中心的な役割を果たし、議会は首長の決定を承認し、正統化を付与する機関になっているためである。抑制としての機能を果たし、議会側が政策を立案し、修正する機能をどこまで有するべきかという地方議会の政策立案機能を制度論から検討する必要がある。

議院内閣制の場合、有権者は選挙によって国会議員を選出し、衆議院議員の多数派より、内閣総理大臣が任命されることになる（憲法第67条第1項）。ここで、有権者は直接、内閣総理大臣を選ぶという首相公選制は取っていないことから、直接公選の首長とは性質を異にしている。

執政府と立法府の抑制・均衡に関する制度を議院内閣制と二元代表制で比較する。議院内閣制において、我が国の憲法では、国会が内閣総理大臣を指名する。加えて、衆議院においては内閣不信任決議案を可決することができ、内閣に解散あるいは総辞職を求めることができる（憲法第69条）。他方で、内閣は行政権の行使について、国会に対し連帯して責任を負い（憲法第66条）、衆議院を解散することができる（憲法第7条3号）[5]。

5　7条解散が事実上認められていることにより、内閣は与党の有利な時期に解散を選択できることとなっている。ただし、解散権が内閣総理大臣の専権事項であるかについては議論があるところである。

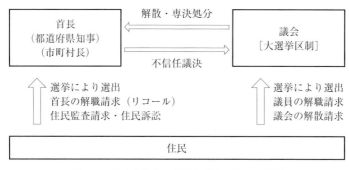

図 0-1. 地方自治体の首長と議会、住民の関係

　図 0-1 は地方自治体の首長と議会、住民の関係を示している。地方自治制度は二元代表制であり、固有の特徴を持つ。第 1 に、地方自治体の組織及び運営については、地方自治の本旨に基づくとされており（憲法第 92 条）、直接民主主義に関する制度が多く規定されている。第 2 に、有権者が首長及び議会議員を直接選出するため（憲法第 93 条第 2 項）、大統領制に近いとされるが、実際は首長が条例や予算の原案を提出するため（地方自治法第 149 条、以下自治法とする）、厳密に大統領制であるとはいえない。第 3 に、首長と議会が対立した場合に、軽微な事柄については首長の専決処分として、議会の議決を必要としない（自治法第 180 条）[6]。これに加えて、首長は議会の議決に異議がある場合、再議に付すことができる（自治法第 176 条）。再議制度は、首長制に特徴的な制度であり、アメリカの大統領制の拒否権を範に取ったものとされる。

　議会における条例の制定改廃または予算に関する議決について異議があるときは、首長は理由を示してこれを再議に付すことができる。再議に付された議決について、議会がさらに同一内容の議決を出席議員の 3 分の 2 以上の者の同意により行ったとき、その議決は確定するため、首長はそれに従って執行しなければならない（自治法第 180 条第 2 項・第 3 項）。他方、その同意が

6　ただし、専決処分をしたときは、首長は議会に報告をしなければならない（自治法第 180 条第 2 項）。

得られない場合は、再議に付された議決は成立せず廃案となる。しかし、再議の制度の運用に関しては、事例は極めて少ないものとされる。実際には議決をする前に、首長と議会の間で十分な調整が行われるため、不一致は起こりにくい。

　専決処分制度は、議会において議決すべき事件に関して必要な議決が得られない場合において、首長が議会の議決を経ないで、その事件を処分することを認めるものである（自治法第180条）。主として行政の遅滞を防止することを目的としている。

　首長が専決処分をすることができる場合は2つあり、1つは、何らかの事由により必要な議決が得られないときに、法律の規定に基づいて行う場合である。もう1つは、前もって定められた事項について、議会の委任に基づいて行う場合である。

　この専決処分を多用した例として、鹿児島県阿久根市の竹原信一元市長の例がある。2008年8月、議員定数削減や市職員給与の大幅削減などを公約に掲げた竹原が当選した。しかし、公約で掲げた議案を議会で否決された竹原は議会と激しく対立することとなった。2010年5月に、市職員と市議、市長のボーナス半減の専決処分をしたのを皮切りに、専決処分を乱発するようになる。竹原は、議会は反対しかしないと反発し、議会を招集せずに専決処分を用いた。議員報酬の日当制導入、固定資産税・法人住民税の引き下げについても、専決処分をした。

　竹原は、議会で承認されなくても専決処分は有効であると主張して実行していた。自分のことしか考えない議会は不要であると、議会不要論を述べた。また、人件費の削減によって捻出した財源は行政サービスの充実に充当された。2010年度から指定ごみ袋の半額値下げ、小中学校の給食費半額助成、保育料の半額化などの政策を行った。通常、財源の苦しい自治体ほど財政再建計画を策定し、行財政改革を行うが、当時の竹原市政は、この手法を取らず、市長発案の施策が中心になされていた。しかし、2010年12月、市長の解職を問う住民投票が398票の僅差で成立し、竹原は失職した。それに伴い、竹原は退陣することになった。首長が暴走したときに、それを止められるの

は、裁判所と住民であったことが示された（金井 2015）。こうした首長に対して、議会がどのように対応できるのか、議会のあり方が問われているといえる。

3　改革の成果指標

　議会の代表的な機能として、立法機能、討議機能、監視機能が挙げられる（大山 2003）。また、佐々木（2009）は量的改革と質的改革に分類しており、量的改革として、議員の定数・報酬の問題、選挙年齢引き下げを挙げている。他方で、質的改革として、立法政策能力の向上、議会の自立性の確保、監視統制機能の強化などを挙げている。議会機能としては、代表機能、正統性付与機能、政治的リクルートメント機能が併せて指摘される（Heywood 2013）。議会の第一義的な機能として、立法機能、討議機能、監視機能があると考えられ、第二義的な機能として、議員の定数・報酬、議会の自立性の確保などがあると考えられる。議会の自立性をいかに捉えるかは難しい問題であるが、自立的であれば、議会として議決を行い、積極的な情報公開・情報発信を行うことができると考えられる。議会の情報公開や情報発信は、主権者である住民が選出した議員・議会が適切な活動をしているかを監視統制するために求められるものである。

　表 0-1 は、本書における議会改革の成果指標を示している。成果指標として議会への住民参加、議会の透明性、定数と報酬の見直し、討議機能、立法機能を含めている。これらの指標は、あくまで本書の取り得る指標であり、他の指標による検証が求められることに留意しなければならない。例えば定数と報酬については、削減を 1 つの指標として含めているが、削減のみならず、増加させることも議会改革の 1 つであるといえる。また立法機能については議員提案条例の有無や数を含めるべきであると考えられるが、定量分析を行う上で十分な数とならなかったため、本書では含めていない[7]。

　議会改革という場合、議会の監視機能の強化が求められる。この場合の監視機能とは、執政府に対する監視機能を指しており、有権者が議会を監視す

表 0-1. 議会改革の成果指標

住民参加	(1)実際に議会内で請願・陳情がなされたかどうか
	(2)公聴会・参考人招致が活用されたかどうか
	(3)議会主導の対話会がどれほど実施されたか
透明性	(1)会議が条例で原則公開されているかどうか
	(2)傍聴者への資料の提供がなされているかどうか
	(3)会議資料が審議後に公開されているかどうか
	(4)常任委員会の記録がホームページから閲覧可能かどうか
	(5)議案に対する賛否が公開されているかどうか
定数と報酬	(1)議員定数の削減の有無
	(2)議員報酬の削減の有無
討議機能	(1)一問一答を導入しているか否か
	(2)首長の反問権を認めているか否か
	(3)実際に首長が反問権を用いたかどうか
	(4)議員間の自由討議の規定があるか否か
立法機能	(1)任意的議決事件を追加しているか否か
	(2)議員による修正案の可決件数が1以上であるか否か
	(3)政策立案のためのパブリックコメントがあるかどうか
	(4)議会外において、政策立案のための特別な場を設置しているか否か

（出典）筆者作成。

る監視機能とは区別される。二元代表制であるため、有権者は、執政府の長
である首長を監視すると同時に、議員を監視することとなる。表 0-2 は監視
機能の担い手としての議会と有権者の役割を整理している。McCubbins
and Schwartz（1984）は、何かしらの事件が起こったときに作用する火災報
知器型の監視と普段から行うパトロール型の監視に区別しており、本書でも
この分類を用いる。

　合議体であり、機関として機能する議会が担う監視機能は、首長と議員に

7　議員提案条例の可決件数が1件以上ある自治体のサンプルは70に満たず、議員提案
　条例が1件も可決されていない自治体がほとんどであり、従属変数に相当の偏りがあり、
　独立変数の10倍以上の数に満たないため、分析を断念した。

表 0-2.　監視機能の担い手としての議会と有権者の役割

	議会	有権者
執政府監督機能（首長）	【火災報知機能】 不信任決議（自治法第 178 条） 【パトロール機能】 予算の議決、決算の承認（自治法第 96 条） 議決事件の追加（自治法第 96 条第 2 項） 検査権（自治法第 98 条）・調査権（自治法第 100 条） 説明責任の追及、出席要求（自治法第 121 条）	【火災報知機能】 解職請求（自治法第 83 条） 監査請求（自治法第 242 条） 【パトロール機能】 選挙
行 政 監 視 機能（議員）	【火災報知機能】 議員辞職勧告決議 懲罰（自治法第 134 条）	【火災報知機能】 解職請求（自治法第 83 条） 解散請求（自治法第 76 条） 【パトロール機能】 選挙

（注）McCubbins and Schwartz（1984）をもとに作成。

向けられる。議会の監視機能の強化と一般的に指摘される事項は、三権分立を念頭に置いた執政府に向けられるパトロール機能の強化を指すと考えられる。議会改革の文脈の中で取り上げられる改革項目は、制度的変更ではなく、各議会の自主的取り組みによるものであるため、議決事件の追加や説明責任を追及するための一問一答の質疑形式の導入が挙げられる。本書では一問一答の導入については討議機能（第 5 章）、議決事件の追加は立法機能（第 6 章）で取り扱う。また、議会が各議員に対して監視を行う場合は、政治的スキャンダルなどの問題が発生した場合に追及を行う議員辞職勧告決議や懲罰であり、この領域は議員の資質に焦点が当てられる。地方議会議員の政務活動費の不正使用や不倫などの問題は、議会の信頼を損ねることに繋がっている。

　次に、有権者が担う監視機能は、一般的には選挙を通して、首長や議員を選出することで行われる。政治家として相応しくない行動や業績が判断されることによって、不適切な議員が追い出されることとなる。しかし、地方レベルの選挙の実態は無投票当選が横行しており、選挙自体が機能していないという問題が生じている。2015 年の統一地方選挙において、町村レベルでは、122 町村長選挙のうち 53 町村長選挙（43.4 ％）が無投票で当選している（東京

新聞 2015 年 4 月 22 日）。また、町村議員選挙では、4269 議席のうち 930 議席
（21.8 ％）が無投票で当選している。このように町村レベルでは、首長及び議
員の担い手不足が問題として顕在化している（佐々木 2016）。

　地方自治では、憲法第 92 条により「地方公共団体の組織及び運営に関す
る事項は、地方自治の本旨に基づいて、法律でこれを定める」とされており、
住民自治と団体自治の双方が備わっている。住民が直接民主主義により政治
に関与する制度として、住民発案（イニシアティブ）、解職請求（リコール）、住
民投票（レファレンダム）が規定されており、何かしらの政治的スキャンダル
が発生した場合に、解職請求を行う火災報知器型の監視が有権者の担う主要
な監視であるといえる。監査請求は、違法もしくは不当な公金の支出などが
あると認められるとき、首長や職員を対象に、監査委員に対し監査を求め、
必要な措置を講ずべきことを請求できる権利である。監査請求も解職請求と
同様に火災報知器型の監視であり、何かしらの問題が発生したときに用いら
れる。

　本書において、監視機能として、議会が担う執政府監督機能については、
議決事件の追加及び一問一答の導入による説明責任の追及を取り上げるが、
議会の監視機能の向上のために議会の透明性の向上が必要となる。片山
（2007）は、オープンな議論によって透明性を確保し、徹底した情報公開を可
能にすることが重要であると指摘している。議会で何を行っているかが分か
らなければ、有権者の議会への監視が機能しないためである。有権者が監視
しない状況下においては、議員は怠慢となり得る。議会の執政府監督機能を
作用させるための前提条件が整っていないこと自体が問題であると考えられ
る。2006 年以降の議会改革は、こうした地方議会の自主的取り組みの一連
の流れである。これらを踏まえて本書の分析を行う。

4　本書の特徴と概要

　本書の独創的な点は、①行政学、地方自治論の領域にある地方議会を定量
政治学の点から分析すること、②二元代表制を踏まえて党派性モデル（Laver

and Hunt 1992, Laver and Shepsle 1996) 及び社会関係資本 (Putnam 1993) を考慮すること、③ヒアリング調査を通じて、議会改革と議会事務局の関わり方を明らかにすることである。本書は、まず定量分析を行う。行政学の研究領域は、定性研究が多くを占めており、一般化可能な定量研究が求められる分野であるといえる。その後、ヒアリング調査による過程追跡を通じて、議会改革の進め方の効果を実証する。議会改革の検証は不十分であり、今後、地方議会の役割の大きさを考慮すれば、重要な研究領域の1つであるといえる。

　地方政治における二元代表制を機能させるためには、議会機能の強化が必要不可欠であるといえ、そのための議会改革の道筋を描くことが求められる。波及効果としては、議会機能の弱い箇所に応じた議会改革の進め方を選択し、補強していくことが可能になることである。つまり、本書によって明らかになる事柄 (議会改革の選択肢の提示) を踏まえて、必要に応じた議会改革をカスタマイズできるようになるといえる。

　本書は、地方議会改革の検証を多面的に行っており、議会改革の目的に応じて、組織形態を選択することが可能となるようなオプションを提示している。第1章では、分析枠組みの提示を行い、①「議会運営委員会」、②「特別委員会」、③「調査会・検討会」、④「常設の議会改革推進組織」、⑤「専門家・住民を含む組織」という改革の組織形態の違いにより、異なる成果が得られることを推論している。

　第2章では、議会改革により、議会への住民参加が促されるかを検証している。「請願・陳情における議会での住民の提案を認めているかどうか」を用いて、動的相互依存モデルの検証を行う。また、議会への住民参加を測る指標として、(1)実際に議会内で請願・陳情がなされたかどうか、(2)公聴会・参考人招致が活用されたかどうか、(3)議会主導の対話会がどれほど実施されたかを用いている。分析の結果、「陳情・請願の規定」については、都道府県の規定採用割合をランダム切片としたモデルが支持されたことから、所属する都道府県の影響を受けているといえる。これは、政策波及を示す動的相互依存モデルが議会改革にも当てはまることを示唆している。また、「実際に請願・陳情がなされたか」については、「議会運営委員会」及び「常設の

議会改革推進組織」を設置している場合に行われている。しかし、「公聴会あるいは参考人招致を行ったかどうか」については、議会改革に関する変数はいずれも 1 以上でかつ有意な結果が得られておらず、成果を挙げていない。

　第 3 章では、議会改革により、透明性が高まったかどうかを検証している。透明性を示す指標として、(1)会議が条例で原則公開されているかどうか、(2)傍聴者への資料の提供がなされているかどうか、(3)会議資料が審議後に公開されているかどうか、(4)常任委員会の記録がホームページから閲覧可能かどうか、(5)議案に対する賛否が公開されているかどうかの 5 つを用いている。分析の結果、「議会運営委員会」による議会改革は、委員会記録の内容の公開を促進するといえる。また、議案に対する賛否の公開に関しては、議会改革の進め方の違いにかかわらず、議会の透明化が進んでいるといえる。

　第 4 章では、地方議会改革により、議員定数と議員報酬が削減されたかを検証している。分析の結果、議会改革によって議員報酬が引き下げられるとはいえない。議会改革の組織形態については「特別委員会」の設置及び「常設の議会改革推進組織」は定数削減に効果があるといえる。また、「常設の議会改革推進組織」は議員報酬の削減について効果がある。

　第 5 章では、議会改革により、討議機能が高まったかどうかを検証している。討議機能に関する指標として、(1)一問一答を導入しているか否か、(2)首長の反問権を認めているか否か、(3)実際に首長が反問権を用いたかどうか、(4)議員間の自由討議の規定があるか否かを用いている。「議会改革は終了した」場合、「一問一答の導入」、「首長の反問権を認めている」、及び「自由討議規定あり」において、議会改革の効果がある。

　「議会運営委員会」の案件として改革を行っている場合、4 つの従属変数のいずれにおいても 1 以上で有意なオッズ比が得られており、討議機能へ効果を持つといえる。「特別委員会」での議会改革を行っている場合、「首長の反問権を認めている」及び「自由討議規定あり」に対して効果がある。「調査・検討会」で扱っている場合は、「一問一答の導入」及び「自由討議規定あり」に効果がある。「常設の議会改革推進組織」で改革を行っている場合、「議会改革は終了した」場合と同様に、「一問一答の導入」、「首長の反問

権を認めている」、及び「自由討議規定あり」に効果がある。こうした議会改革を行っている自治体において、討議機能へ多くの効果が見られることは、議会改革の主たる目的として、討議機能を向上することが目的とされているためであり、その成果として表れているものと考えられる。

　第6章では、議会改革により、立法機能が高まったかどうかを検証している。立法機能に関する指標として、(1)任意的議決事件を追加しているか否か、(2)議員による修正案の可決件数が1以上であるか否か、(3)政策立案のためのパブリックコメント（意見公募手続き）があるかどうか、(4)議会外において、政策立案のための特別な場を設置しているか否かを用いている。分析の結果、「議会改革は終了した」場合、「任意的議決事件を追加」及び「議員による修正案の可決件数が1以上」に関して効果があるといえる。「特別委員会」による改革が行われている場合、「任意的議決事件を追加」、「パブリックコメントあり」、及び「特別な場を設置している」において効果がある。「議会運営委員会」及び「常設の議会改革推進組織」で改革が行われている場合、「任意的議決事件を追加」、及び「特別な場を設置している」において立法機能へ効果があるといえる。また、「調査会・検討会」で改革が行われている場合については、「特別な場を設置している」においてのみ効果があり、他の改革の組織形態と比べて、それほど効果があるとはいえない。

　第7章では、町田市議会における議会改革の進め方についての過程追跡を行っている。町田市議会では、「議会運営委員会」による改革に加え、「特別委員会」による改革という2つの進め方を採用している。分析の結果、「議会運営委員会」による改革は、透明性及び討議機能の強化に資することが明らかとなった。また、「特別委員会」による改革は、一部の立法機能や住民の議会への参加を強化していたといえる。さらに、町田市議会議員の改革に対する意識の高さに対し、その要望に応えるべく事務局の職員がスペシャリスト（長くその職に従事する者）として、議会の改革を補佐し、積極的に情報公開を進めることで、成果を挙げている。

　終章において、本書における知見を集約し、課題について言及する。加えて、今後の地方議会の機能強化についての考察を行う。

第1章

改革の進め方と組織形態

1 改革の動き

　本章は、近年の地方議会改革の背景や目的、改革の動向を見ていく中で、地方議会改革を検証する枠組み、視点を設定することが目的である。

　我が国の地方自治制度では、二元代表制が採用されており、首長の執政府と議会によって、地方自治が運営されている。具体的には、両者が競い合いながら、地方政治が展開されているということである。ただし、これまで地方自治論では、首長の執政府の方が政治的に優位な立場にあり、議会は脇役的な存在であるといわれてきた。したがって、地方議会は、地方政治の中で存在感が低かったともいえる。

　しかし、2000年から地方分権改革が推進され、地方自治体の財政難や政策形成の重要性が指摘される中で、改めて地方議会の存在意義が問われている。本来、首長に対抗、牽制できる存在は議会であり、立法機関としての役割も持っている。したがって、今日、地方議会に求められる行政監視機能、立法機能などをより発揮し、地域住民とともに地方政治を担う存在として、その役割の重要性が指摘されているのである。

　そうした背景から、全国の地方議会では、議会の機能をより強化すること、多くの住民が議会運営へ参加できる取り組みを、議会改革として実施している。こうした議会改革は、栗山町から始まり、既に10年以上が経過している。この10年間で議会基本条例の制定数が増え、全国の地方議会へ改革の取り組みが波及しているといえる。

　もちろん、こうした動きの中で、行政や地方自治の研究分野では、地方議会改革に関する研究や、自治体議会改革フォーラムの活動によって全国の議

会改革に関する調査、研究が実施されている。しかし、この 10 年間の議会改革の成果などを検証しようとする研究はあまり見かけない。ここで一度、改革の検証の時期に来ているのではないだろうか。今後の地方議会改革をより発展させ、改革を進めていく上での方針を提示するには、これまでの取り組みを検証する作業が必要であると考える。

そこで、本章では、地方議会改革を検証するための枠組みと方法を提示し、これまでの地方議会改革の現状と、議会改革に関する先行研究をレビューする。本章の構成は以下の通りである。まず、2. では地方議会改革の背景を整理し、3. において自治体議会改革フォーラムと日経グローカルが実施した議会改革の現状分析について述べる。こうした現状分析などから、地方議会によって改革の差が生まれており、議会改革について検証する必要があることを述べている。次に、4. では、これまでの先行研究をレビューし、本書における検証の分析視点を設定し、最後に 5. において検証のための枠組みと方法についてまとめている。

2 議会改革の背景

2.1 二元代表制の中での地方議会の位置づけ

戦後、我が国の地方自治制度では、二元代表制による政府形態を採用している。まずは、地方議会にどのような役割が求められているのか、また、地方議会を改革しなければならない背景を説明するために、二元代表制の中で地方議会がどのような位置づけにあるのかを整理する必要がある。そこで、二元代表制の中で、地方議会の位置づけや役割について確認していくことにする。

西尾（1977：73-74）によって、二元代表制とはどのような政府形態であるのかが整理されている。二元代表制には 2 つの原理がある。第 1 に、首長と議会は双方とも直接住民を代表する機関であり、その正統性の根拠において対等の地位にある。第 2 に、議会は決して自治体の最高機関ではなく、議会は立法権を完全に独占していない反面、行政権の一部をも所掌する議事機関

でもある。つまり、自治体の団体意思決定は、首長と議会に分掌されるか、あるいは首長と議会の相互作用によってなされる。

　また、第1の原理について、さらに詳細な説明がなされている。首長と議会は対等な代表機関として、ともに住民意思の代表機能と統合機能を期待されており、いずれが住民意思を的確に反映しているかをめぐって競い合う関係に立っている。そのため、二元代表制が「機関対立主義」と呼ばれる所以がここにあるとも述べられている。

　ちなみに、両機関の代表機能は、その選挙制度に由来する差異があるとされている。首長は全有権者によって投票されるが、議会の議員は特定選挙区有権者の支援があれば当選する。首長は全体代表であり、議員は地域代表という性格を持つ。統合機能については、首長は独任制機関であることから、機関意思の形成が比較的容易であり、一貫した政治指導を積極的に実施することが可能である。一方、議会は合議制機関であり、政党・会派に分化しているため、意思形成が容易ではなく、行動の一貫性を保つことが難しい反面、多元的な利益分化を反映するとともに、審議過程において争点を提起する面で優れている。

　こうした西尾（1977）の整理をもとに江藤（2011）は、「機関対立主義」ではなく「機関競争主義」という概念を提示している。機関対立主義の「対立」が首長の不信任議決などの対立をイメージしやすく、今後は議会と執政府が競争しながらよりよい地域経営を行うことを強調したいためである。また、江藤（2011：4-6）は、西尾（1977）の2原理に追加して、もう1つの原理を追加している。第3原理として、住民参加が指摘されており、それは議会や執政府が住民の参加を経ながら競争し合うということである。

　このように二元代表制は、首長と議会が相互作用を及ぼしながら、競争し合って地方政治が展開されているということである。したがって、機関対立主義、機関競争主義の考えでは、お互いに地域、政策のあり方について決定する権限が分有されており、相互に影響を与えながら政策などが決定されているということになる。しかし、地方自治論などの学問の世界での理解では、首長、執政府の方が立場的に優位に立っていることが指摘されてきた。我が

国の地方政治は、強首長制ともいわれている。強首長制は、予算編成権、人事権、再議権もしくは拒否権を首長が持っていることである。我が国の地方政治では、首長がこれらの権限を持っており、首長の方が政治的に強いということが戦後の特徴である（中邨 2016：47-48）。

　ただし、こうした理解に対しては、疑義を呈する考えや意見もある。人事面については、首長単独で政治的任命を行うことができず、政策決定に関与する権限を議会が広範に有しており、関心のある争点については望まない決定を強いられないだけの権限を持っているという指摘がある。そのため、地方自治体の執政制度は、単純な首長優位として理解することができないということである（曽我・待鳥 2007：317-318）。他にも、議会審議において、議会は大きな影響力を持っていると解釈している研究もある。執政府が、議案提案に当たり、議会や会派の意向に気を遣うのは、議会が自治体の重要な意思決定者の１つであることの証明であり、議会は議会審議において影響力を持っていると見られている。ただし、議会事前手続きという住民の目には見えないインフォーマルな場で議論されている。それ自体の評価は分かれるが、インフォーマルな場で議員が議案に対して影響力を与えている（村松・伊藤 1986：121-123）。

　馬渡（2010：187-188）の研究においても、都道府県議会を対象として、修正・否決事例を検出して議会のフォーマルな影響力が明らかにされている。改革派と呼ばれる知事に触発され、議員が独自色のある議案を活発に提案している。

　長らく二元代表制において首長の方が政治的に優位な立場にあると理解されてきたが、そうした理解に対して議会が大きな影響力を持つと疑問を呈する指摘や研究もある。議会は、首長、執政府に対して影響を与えられる存在であるともいえる。ただし、そのときの地方政治の状況によって、やはり首長優位になりやすいのではないだろうか。例えば、最近の例では、大阪市の橋下徹元市長のように、大阪都構想という独自の政策を実施しようと、強いリーダーシップを発揮する首長もいる。こうした状況は、首長のリーダーシップが強く、首長優位という政治状況が生まれやすいとも考えられる。

　地方政治の状況によって、首長と議会の力関係が変わってくるといえる。そうした強いリーダーシップを持つ首長に対してチェックし、対抗できる存在が地方議会である。そのため、首長に対して影響力を及ぼす存在として、地方議会の機能そのものを強化していくことが必要であり、地方議会改革の大きな目的の 1 つであるといえる。

2.2　地方議会の役割

　地方自治体において地方議会の位置づけを確認した。次に、具体的に地方議会はどのような役割、機能があるのかを確認する。地方議会に求められる機能、役割については論者によって意見の分かれるところである。例えば、会派、議員個人に加えて、議会事務局を含めた議会組織総体としての政策提言能力を高めるべきであるという議論が多いとされている（長野 2012：88）。他にも、討議機能の強化や、行政監視へ特化すべきという考えもある。

　討議機能の強化は、政策能力の点で執政府と同様な能力を持つことは困難であり、議会機能の第 1 は、どのような社会問題があるかを審議過程の場で示し、執政府の答弁を引き出しながら政策の方向を提供し、あるいは首長側の見解を述べさせることである（村松・伊藤 1986：182-183）。行政監視への特化も、地方議会における立法機能については、それを補助する人材、資源が不足しているからこそ、行政監視機能へ特化した議会になるべきという考えである（中邨 2016：156-157）。

　また、江藤（2004a：38-39）は、行政監視機能と立法機能を高める議会を監視型議会、議会への住民の直接的な参加を組み込んだ議会をアクティブ型議会と呼び、アクティブ型議会を踏まえた監視型議会を協働型議会として、今後、こうした議会が必要になると述べている。これは議会への住民参加を基本とし、議会は様々な機能を発揮すべきという考え方である。

　地方議会に求められる機能、役割は、論者によって様々なものがある。立法機能ではなく行政監視機能などに特化すべきというのは、現実的な考え方であるといえる。本書では、地方議会においてどの機能が必要であるかということについて議論するつもりはない[1]。なぜなら、地域、自治体によって

地方政治の状況は異なり、地域によって議会に求める機能が異なっていると考えられるからである。

　ただ、どのような機能を地方議会に求めるにしても、議会改革によってより高めていくことが必要であるといえる。議会は、首長に対して影響力を及ぼすことのできる存在であり、機関競争主義の原理を働かせるには議会の機能強化は必要である。

2.3　地方分権改革の影響

　これまで地方自治体における地方議会の位置づけ、役割、機能について述べてきた。その他、地方議会を取り巻く状況も変化しており、そうした状況の変化も議会改革を実施する背景となっている。

　地方分権改革によって機関委任事務が廃止され、多くの事務が自治体の自治事務となった。これによって議会側は、自治体の全ての事務に関わることができ、議会の行政監視などの機能がより重要になってきているのである。例えば、北海道芽室町における議会改革のきっかけは2つあり、地方分権改革の影響と、地元住民の議会に対する無関心さや批判であった（広瀬他 2016：6-8）。前者については、地方分権改革によって、地方議会の役割と責任が増大し、住民の代表機関としての役割を担うためには議会改革が必要ということである。また、後者の議会に対する住民の無関心や批判については、2.4において詳しく触れるが、芽室町においても、「議会は何をやっているところなのですか」、「議員の顔さえ分からない」という住民の意見があり、そうした住民の無関心なところが議会改革のきっかけであった。

　地方分権改革は、芽室町議会に限らず、全国の地方議会において大きな改革のきっかけとなっているのは間違いないといえる。他にも、栗山町でも、議会基本条例の制定、議会改革を進めるようになった背景の1つとして、地

1　「終章」において、地方議会の展望について若干の検討を加える。本書は、当該自治体の状況に応じて、自主的にどの機能を強化するかを各議会に委ねるべきという立場である。

方分権時代における議会責任の増大が挙げられている（神原 2009：130-131）。機関委任事務が廃止され、自治体の事務になったことで、それら事務に対して全面的に議会の審議権、議決権、調査権、監査権が及ぶことになったのである。

　他にも、平成の大合併や、近年の自治体の財政難なども、地方議会における役割、機能を見直す大きな背景となっているとも考えられる。財政難によって、より執政府に対する監査機能などの重要性が増しているといえる。

2.4　地方議会の存在感の薄さと議会への不信

　また、地方議会において議会改革を実施する社会的な背景もあり、地方議会の存在感が薄いことと、議会への不信が挙げられる。先ほども例として挙げた栗山町の議会改革を進めた最も大きな要因として、「選挙のとき以外に議員や議会の姿が見えない」という、町民から痛烈な批判があったことが挙げられている（神原 2009：133）。多くの住民が地方議会に対して関心があるかといえば決してそうではないといえる。

　他の自治体でも、半数ぐらいの住民はあまり関心がない状況にある。例えば、藤沢市議会（2012）でのアンケート調査では、56％の住民が議会に対して関心を持っているが、残りの約44％は必ずしも議会に対して関心を持っていないという状況にある[2]。他の自治体でも、静岡市（2014）が行った調査では、「議会に対して興味があまりない」や「ない」と答えている住民に対してその理由についても聞いている[3]。その理由として挙げられているのが、

2　藤沢市議会（2012）「市議会に関するアンケート結果」。
http://shigikai.city.fujisawa.kanagawa.jp/voices/GikaiDoc/attach/shiryo3/Sr3B2_anke-tokekka%20honbun.pdf（2017 年 10 月 27 日確認）このアンケート調査は、2012 年に実施されており、無作為抽出の成人住民 3000 人にアンケート用紙を配布し、市議会に関することを聞いている。750 人からアンケートを回収している（回収率 25％）。
3　静岡市（2014）「『市議会広報』に関するアンケート調査」。
http://www.city.shizuoka.jp/000672745.pdf（2017 年 10 月 27 日確認）このアンケート調査は、静岡市の広報に関するアンケートで、市政アンケートモニターとして委嘱された住民 100 人を対象として実施されている。回収は 98 人である。

「支持する議員や政党がないから」が最も多い。また、そもそも「議員がどんな人か知らないから」や、「市議会が何をするところか分からないから」と答えている住民もいる。

　こうした現状を見れば、地方議会の存在感が希薄化しており、住民にとってあまり意識されていない存在であるともいえる。住民にとって地方議会の存在感が薄いのも、地方議会の役割や、地方議員がそもそもどのような役割、活動をしているのか分からないのが大きな理由ではないかとも考えられる。そのため、今日では、議会の役割や議会における成果を住民に対して伝えることを目的として、議会改革に取り組む地方議会が多くなっている。

　その他にも、住民が地方議会に対して関心を持っていないだけではなく、今日の地方議員の不祥事から、地方議会、地方議員に対する不信を抱いている住民も多くいると思われる。最近のニュースや新聞の報道において、地方議員の不祥事がよく取り上げられている。特に、報道でよく取り上げられることは、地方議員が政務活動費を不正に利用している事例である。

　近年の例は、2014 年 7 月に、元兵庫県議会議員による政務活動費の使途不明な使い方が発覚し、新聞やテレビによって多く報道されたことである。政務活動費を利用した活動の際、具体的な行先や活動内容を詳細に報告することになっていたが、元議員は領収書などを提出しないなど（朝日新聞 2014 年 7 月 9 日）、多くの不正利用が発覚したのである。そのため、多くの住民に対して大きな不信を抱かせることになった。他にも、2017 年 2 月、富山市議会において、複数の議員が政務活動費を不正利用していたことが発覚した。その後、富山市議会では、第三者機関を設置するなど、政務活動費に関する新ルールを策定することや（朝日新聞 2014 年 7 月 9 日）、政務活動費に関する条例を改正するなどの取り組みを実施している（朝日新聞 2017 年 2 月 18 日）。

　多くの住民が地方議会に対して関心を持っていない、または議員の不祥事が報道される度に議会へ不信を抱く住民が多くなっている現状があるといえる。そうした状況が影響してか、地方議会選挙の投票率は低下しつつある。統一地方選挙の投票率は、2011 年まで県議、市議と 50 ％以上はあったが、2015 年の投票率を見ると両方とも 50 ％を下回っている[4]。

　近年、住民の地方議会に対する批判の目は厳しくなっている。また、地方議会での不祥事が起きる度に、地方議会、地方議員のイメージはあまりよいものとならず、地方議会、地方政治から離れていく住民が多くいるのではないだろうか。本来、住民の代表機関としての地方議会ではあるが、地方議会と住民の距離は、段々と遠くなっており、住民にとって地方議会の存在感があまり感じられなくなっていると考えられる。

2.5　議会改革の検証の必要性

　これまで検討してきたように、我が国の地方自治における二元代表制の政府形態、地方議会の役割、機能、地方議会を取り巻く環境を踏まえれば、議会の持つ機能をより高めていくことが必要である。そもそも議会改革は、議会権限を強化することと、議会の透明性を高めていくことの2つが目的であるともいわれている（中邨 2016：52）。首長に対抗するための権限、機能の強化、住民の議会に対する無関心や不信などを解消していくための議会の透明化は重要な取り組みである。

　また、江藤（2004a）が提示する協働型議会のように、民意を反映させるような取り組みも必要となるのではないだろうか。執政府は、住民の参加を積極的に実施しているが、同じ住民の代表機関である議会も同様に住民参加を行い、執政府に対抗していく必要がある。もちろん、民意を議会へ反映させ、それを踏まえた上で政策などに関する議論を展開していくことが住民の代表機関としての議会には求められる。

　こうした背景や目的から、全国の地方議会において議会改革が実施されている。地方議会改革は、2006年5月に栗山町が議会基本条例を制定したことをきっかけとして、全国の地方議会でも実施されるようになった。したがって、議会改革が始まって約10年以上が経過し、この10年で先進的な取

4　総務省「地方選挙結果調」。
　http://www.soumu.go.jp/senkyo/senkyo_s/data/chihou/index.html（2017年10月27日確認）2015年の県議の投票率は45.05％、市議の投票率は48.62％である。1991年の県議の投票率60.49％、市議の投票率65.39％と比べると、低下していることが分かる。

り組みが全国の地方議会に広がっている。

　しかし、この 10 年でどの程度、地方議会の改革が進んでいるのか、また、どのような過程を経て改革が実施されているのかなど、議会改革の検証についてはあまり行われてこなかったといえる。この 10 年、多くの地方議会で議会改革が実施されているが、改革が進んでいる議会と、そうではない議会の差が出始めているのではないだろうか（神原他 2015）。さらに、先進的な取り組みが全国の地方議会へ波及しているが、中身の伴わない改革が実施されている可能性もある[5]。

　例えば、議会改革を実施する際に、多くの地方議会では議会基本条例が制定されている。早稲田大学マニフェスト研究所の 2016 年調査では、2010 年では、策定している議会の割合としては 8％であったが、2016 年においては 51％と半数の議会で策定されている[6]。他にも、自治体議会改革フォーラムの「全国自治体議会の運営に関する実態調査」では、2015 年末の累計で724 議会が制定している（長野 2016：95）。その議会基本条例の制定数をグラフにしたのが図 1-1 であり、年々、制定数が増加していることが分かる。

　しかし、これだけ議会基本条例が全国の地方議会に波及しているが、実効性の伴わない基本条例も少なくないということも十分に考えられるのである。本来、議会基本条例を策定すれば、それをもとに具体的な改革を実施していくことになる。しかし、議会基本条例を策定したが、具体的な取り組みまで実施されていないケースもあるのではないだろうか。議会基本条例を制定することが目的化し、議会改革の成果まで意識した改革を実施しているところばかりではないとも考えられる。したがって、議会改革が始まり 10 年以上経つが、改革の検証の時期に来ているといえる。

　本書では、栗山町に端を発し、全国に波及した、この 2006 年以降の議会改革の流れを第一次議会改革であると捉える。議会改革が実施され始めて以

5　東京財団政策研究所（2011）「議会基本条例『東京財団モデル』普及度合いの検証」。http://www.tkfd.or.jp/files/doc/2010-14.pdf（2018 年 5 月 24 日確認）。
6　早稲田大学マニフェスト研究所議会改革調査部会（2016）「議会改革度調査 2016」。http://www.maniken.jp/gikai/2016_kihonjorei.pdf（2017 年 10 月 30 日確認）。

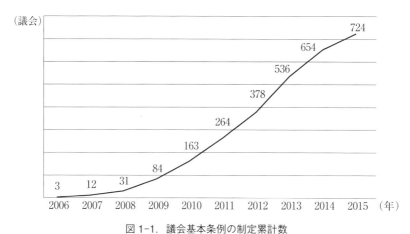

図 1-1.　議会基本条例の制定累計数

（出典）廣瀬・自治体議会改革フォーラム（2016）第4章より筆者作成。

降、次第に洗練されており、今後それぞれの自治体に応じた第二次議会改革がなされると予想される。そのため、この第一次議会改革の検証を行い、改革の進め方について検証を行っていく。その結果を踏まえ、これからの第二次議会改革の改革方針を示すことを目的としている。

　もちろん、これまでの議会改革がどの程度進んでいるのか、様々なところで現状調査が行われている。また、議会改革の実態を明らかにしている学術研究もいくつかある。そこで、本章では、まずそうした現状調査や先行研究について概観する。そして、本書が具体的にどのような視点、枠組みから議会改革を検証しようとしているのかを、最後に提示する。

3　議会改革の現状

3.1　自治体議会改革フォーラムによる調査

　今日、地方議会改革の現状について調査がいくつか行われている。全国の地方議会を対象として、アンケート調査が実施されており、どこの地方議会の改革が進んでいるのか、ランキングが公表されている。ここではいくつかの調査結果を概観することで、地方議会改革の現状について見ていくことに

する。

　まず、自治体議会改革フォーラムが実施したアンケート調査の結果について見ていく（廣瀬・自治体議会改革フォーラム 2016：131-154）。ここでは 2016 年版のアンケート結果から、地方議会改革の現状がどのようになっているのかを示す[7]。2016 年調査では、都道府県 47、政令指定都市 20、特別区 23、市 746、町村 717 と全国 1553 自治体からの回答（回収率 86.9 ％）があった。

　まず、議会改革を実施する上で、どのような組織形態を取っているのかが調査されている。①「議会運営委員会」での検討が 25.4 ％、②「特別委員会」での検討が 20.3 ％、③「調査会・検討会」など議員のみで構成する検討組織を設置しての検討が 12.7 ％である。この結果は、2013 年時の調査とあまり変わらない。この組織形態の他、④議会改革検討組織への住民参加として、議員以外の専門家あるいは住民が参加して実施されたのは 2 議会だけであった。また、議会改革の取り組みは終了したので、組織は解散しているとする割合は 6.2 ％であった。

　討議のあり方については、一般質問、代表質問において一問一答を導入している議会は 81.2 ％であり、2007 年調査と比べた際（42.5 ％）、約 2 倍に増加している。また、首長などへの反問（逆質問）権については 47.5 ％であり、2008 年調査と比較し（4.7 ％）、約 10 倍も増加している。

　次に、住民参加の現状であるが、請願・陳情の際、提出者として住民が希望すれば、直接議会で説明することを認めている議会は 17.3 ％であり、2010 年調査（7.0 ％）と比べて約 2.5 倍増えている。また、公聴会開催が 0.5 ％、参考人招致実施は 17.1 ％と大きな変化が見られない。住民との対話会を直近 1 年間で設けたかどうかについては、50.0 ％の議会が設けており、2008 年調査と比べて 5.8 倍の水準である。ただし、2015 年と 2016 年の調査を比べた際、あまり差がない。

　議会の透明化、情報公開については、会議を公開する制度・ルールを設け

7　2007 年から 2016 年までの調査を踏まえた地方議会の変容については、長野（2018）
　が詳細に説明している。

ているかどうかに関して、条例で全ての会議、原則公開を定めている割合は
16.6 ％、常任委員会、特別委員会、議会運営委員会までを原則公開としてい
る割合が 18.5 ％であった。全ての会議を原則公開しているのは、2010 年調
査の 2.4 ％と比べて大きく増加している。常任委員会審議の全文を記録し、
ホームページ上で公開を行っている議会は 23.2 ％であり、2009 年調査と比
べて約 2 倍の水準へと進展している。

　最後に政策立案、立法活動については、首長側提出議案に対する議員によ
る修正案の提出が 16.9 ％である。これは 2010 年調査の 24.3 ％と比べて減少
しており、2010 年調査以降、最小値を示している。議員提案条例について
は 8.4 ％であり、2012 年の 8.1 ％、2013 年の 8.4 ％と比べてあまり差がない。

3.2　日経グローカルによる調査

　日経グローカル（2011：26-52）では、全国の地方議会の改革状況が、ラン
キング形式によって発表されている。日経グローカルでのアンケート調査で
は、まず都道府県議会についての調査が実施されている。都道府県議会の調
査では、「議会の情報公開」、「議会への住民参加」、「議会の運営改善」の 3
分野を中心に 38 の設問を設けている。それを 200 点満点で採点し、偏差値
化することで分析を行っている。偏差値化では、分野別に関連がある「情報
公開」と「住民参加」を合わせた「公開・住民参加度」と、「運営改善度」
の 2 分野について偏差値が示されている。

　都道府県議会において最も得点が高かったのは、三重の 115.3 点であっ
た（日経グローカル 2011：27）。この点数は、必ずしも高いとはいえないが、問
題点は都道府県によって議会改革度に大きな差が生まれていることである。
最も得点の低い県が、岡山県の 29.3 点であり、全国の都道府県によって差
が生まれている。こうした改革度の差が生まれる要因の 1 つとしては、議会
基本条例を制定し、それに基づいて議会改革が実施されているかどうかであ
ると指摘されている。上位に入っている議会のほとんどは、議会基本条例を
制定し、議会改革を実施しているのである。

　また、上位に入っている議会では、「改革派知事」の影響も大きいといわ

れている。1位の三重県では北川正恭元知事、2位の岩手県は増田寛也元知事、3位の宮城県は浅野史郎元知事、6位の大阪府は橋下徹元知事と、上位の都道府県議会では「改革派知事」の存在が影響していることも考えられると指摘されている（日経グローカル 2011：28）。

　個別に見れば、議会の公開度・参加度については、45議会がホームページ上で本会議を同時中継している。しかし、委員会になると公開の度合いは下がり、予算・決算委員会の中継は20議会、常任委員会に至っては7議会しか公開していないとされる。また、請願者、陳情者の議会における発言保障については10議会のみであり、内容を議事録に残しているのは7議会のみであった。議員間の自由討議を制度化しているのは11会議、一問一答を採用しているのは10議会であった。

　市区の議会も同様に、全国807市区を対象に調査を実施しており、ランキングを提示している（日経グローカル 2011：65-87）。トップが京都府京丹後市、2位が三重県伊賀市であった。京丹後市では、本会議での一問一答を導入、執政府が議員に質問する反問権を認めるなど、議会運営の改善度では偏差値が92.9と高い数値が出ている。伊賀市では、住民参加度がトップの91.4であり、住民の議会参加が様々な制度で保障されているということである。また、偏差値が55未満の議会は614市区と全体の77％も占めており、市区の議会においても改革度の差が生じている。

3. 3　現状分析から見えてくる点

　ここまで自治体議会改革フォーラムが毎年実施している実態調査と、日経グローカルの実態調査について概観してきた。自治体議会改革フォーラムの現状調査を見る限り、全体的に改革が進んでいるように見える。討議のあり方、住民参加、議会の公開など、以前の調査結果よりも数値が上がっている。これは、議会改革の取り組みが全国の議会へと波及し、多くの議会で取り組まれているということであろう。

　また、この調査では、議会改革を検討する際の組織形態が異なるということとも調査されており、地方議会によって議会改革に進め方の違いがあること

も読み取ることができる。こうした改革の組織形態が異なることで、議会改革の成果に違いが生まれるのではないのかという疑問が生じる。

　一方、日経グローカルのランキングを見れば、議会改革が進んでいる議会と、そうではない議会の差が生まれてきているのではないだろうか。もちろん、このランキングの下位であるため改革が進んでいないということではない。ただ、この調査結果から、地方議会間で改革の成果に差が生まれてきているとも読み取ることができるのである。

　それでは、こうした改革の取り組みや成果に差が生まれているのはなぜか。また、議会改革の成果が生まれている地方議会ではどのように改革を実施しているのか。こうしたデータを活用して、より詳細な検証が必要であると思われる。

4　議会改革に関する先行研究

4.1　議会基本条例に関する研究

　議会基本条例に関する先行研究として、長野 (2012) 及び芦立 (2016) の研究が挙げられる。長野 (2012：88-95) は、2 つのリサーチクエスチョンを明らかにしている。第 1 は、議会基本条例はどのような要素によって促進され得るのかである。第 2 は、議員提案条例と議会による議案修正はどのような要素によって促進され得るのかである。これらのリサーチクエスチョンを明らかにするため、先ほども触れた自治体議会改革フォーラムが 2007 年から実施している、全国自治体議会の運営に関する実態調査のデータについて共分散構造分析（構造方程式モデル）が行われている。分析の結果、住民との対話の場が議会基本条例に作用していること、議会費が議員提案条例に作用していること、議員間討議及び請願・陳情における住民の提案説明が議会による議案修正に作用していることが明らかにされている。この分析結果から、近年の議会基本条例を切り口にした改革は、住民参加と議会基本条例の組み合わせによる、住民との対話を通じた議会改革の要素が強いとも指摘されている。

芦立（2016：146-150）は、首長側が制定する自治基本条例と、議会側が制定する議会基本条例の関係から分析を行っている。首長側、執政府によって自治基本条例が制定された後で、そうした様子を見た議会が危機感を感じ議会基本条例の制定へ取り組むことを検証している。

　芦立（2016）の研究においても、全国自治体議会の運営に関する実態調査の 2013 年データが用いられており、自治基本条例が制定されているところと制定されていないところでは、前者の方で議会基本条例が多く制定されていることが確認されている。しかしながら、自治体議会改革フォーラムが発行している 2009 年版『議会改革白書』によると、2008 年末までに議会基本条例を制定した 31 の地方自治体のうち、自治基本条例が議会基本条例より先に施行された例は 3 市のみであったとされる。執政府の自治基本条例制定の動きが先で、それを見た議会が危機感を感じて議会基本条例を制定した例はあまり多くないということである。したがって、首長、執政府における改革の動きが、議会改革を促している要因ということはあまり考えられないということである。

4.2　立法機能に関する研究

　立法機能に関する研究として、中谷（2008）、長野（2012, 2017a）、小林他（2008）の研究が挙げられる。中谷（2008：111-115）は、鳥取県を事例として分析しており、1999 年から 2005 年の間で計 17 の議員提案条例がなされており、この期間に全都道府県の中で最も多く行われたとされている。なぜ鳥取県において特に議員提案条例が多いのか、その理由として挙げられているのが、個々の議員が立法することに対する高い意識を持っていること、当時の片山善博元知事が根回しをやめ、与野党意識を議会で作らなかったことが、要因であると指摘されている。さらに、議会事務局の法制機能を高め、参議院調査担当課から初めて職員を派遣してもらうなどの取り組みも大きく影響していることも述べられている。

　長野（2012：88-95）は、議員提案条例については、投入される資金量が最も作用する要素であり、議会を支えるスタッフの質と量が重要であるとして

いる。そのため、議会事務局の人員を確保すること、政務調査費などで人員を確保する手段が必要であることを指摘している。議会による議案修正については、議員間討議による議会としての意思形成と、住民からの請願・陳情が大きく作用している要因であった。検討過程に住民を参加させ、最終的に議員間討議を通じて首長側の提案の修正を行う「修正する議会」ということである。

　長野（2017a）では 2008 年から 2015 年の『議会改革白書』のデータを用いて、議員提案条例、議会修正及び首長の取り下げ・再提出を政策出力と定義し、賛否の公開、対話の場、議員間討議がそれぞれに影響を与えていることを共分散構造分析により明らかにしている。

　小林他（2008：54-59）は都道府県議会議員の意識を分析している。この研究では、政策立案活動を重視している立法型の議員ほど、「議会の政策機能の強化」や、「議会一般運営の改善」を望むとともに、条例制定活動を活発に行っていることが明らかにされている。

　加えて、議会の政策立案活動を活発にするには、議会事務局の充実が提案されることが多いが、中谷（2008：111-115）の研究では、議会事務局の体制に満足している議員ほど、政策立案活動に対して積極的であることが明らかにされている。

4.3　定数削減及びその他議会改革に関する研究

　他にも、地方議会における定数削減の要因について明らかにしている研究として、濱本（2010）及び市村（2011）が挙げられる。濱本（2010：135-144）によると、定数削減については、町村レベルの議会ほど、また財政状況がよい地方自治体ほど進んでいる。また、選挙区がより分割されているほど、定数削減が進みにくく、定数削減が進んでいる議会ほど、市民社会組織等の参加比率も上昇し、代表性が補完されている。議会の透明性、開放性が高いのは、都市部の議会によって積極的に取り組まれており、議会事務局の充実に関しては、人口規模の大きな地方自治体ほど事務局の人数が多く、議会の透明性が高いところほど、議会事務局の人数が多いということも明らかにされてい

る。

　市村（2011：28-31）は、栃木県小山市を対象とした事例研究を行っており、そこでは、議員定数の削減をせず、議員報酬を2年間、5％削減したことを明らかにしている。小山市の議会改革は、2010年4月に議会改革推進協議会及び専門部会が設置され、議長が議会改革推進協議会に諮問する形で、定数削減・議員報酬削減などが検討された。議員定数については、削減ありきでは議会制民主主義の成熟には繋がらないという意見がある一方で、近隣市議会とのバランスや歳出削減の必要性等から議員定数の削減が必要であるという意見があり、統一した結論には至らなかったとされる。

　その他、議会改革に関する研究として、芦立（2016）や本田（2011）の研究が挙げられる。芦立（2016：144-146）は、議員の入れ替えが多ければ、議会改革が促されることを明らかにしようと試みている。新しい議員が多く当選すれば、議会において新たな考えが主張され、議会改革が促されるということである。この点について、早稲田大学マニフェスト研究所が実施した2014年地方議会改革ランキングにおいて、9位の京都市議会、10位の東京都町田市議会、13位の京都府議会を事例として検証している。それぞれの議会では、議員の入れ替えは多く行っておらず、必ずしも議員の入れ替えが議会改革を促していると捉えることはできない（芦立 2016：144-146）。

　本田（2011：88-90）は、議会広報という観点から、栗山町の議会基本条例の条文について分析を行っている。栗山町の議会基本条例の第4条では、議会における公開活動の取り組みに関する規定が定められている。そこでは議員と住民が公式の場で議論する一般会議、公聴会及び参考人招致の活用、議会報告会の開催などに関する事柄が記載されており、栗山町では、この規定に基づき外部に対する透明化を図ろうとしている。さらに、議会のWebサイトや書籍等などの出版によって町民以外にも積極的に情報を発信している（本田 2011：95-96）。この点について本田（2010：315）は、条例の前文や目的において広報活動の重要性が規定されているところほど、広報活動の手段が充実していることも明らかにしている。

　こうした研究結果から、議会の役割をどのように位置づけるのかによって、

取るべきパフォーマンス強化の戦略が違うことが示されたといえる。特に、長野（2012, 2017a）の研究は、議会改革の成果を計量的な手法を使って実証的に明らかにしている、数少ない研究であるといえる。

4.4　本書における検証・分析の視点

ここまで近年の議会改革に関する先行研究、特に議会改革の実態や、改革がどのような要因が影響して行われているのかを中心にレビューしてきた。長野（2012, 2017a）の研究のように、議会改革を進めていくには、どのような要因が重要となるのか、参考となる成果であるといえる。

また、市村（2011）の研究が示すように、議会改革の議題によっては議員間、会派間で違いが表れ、意見がまとまらないケースもあることが示唆されている。特に、この事例で扱われていたのは議員の定数や報酬であり、そもそもこうした議題は議員自身の身分に関わるものであって、取り上げ難いものであるともいえる。したがって、議会改革を進めていく上で、議題に上がり難いものもあり、議員間、会派間で合意が得難いものもあるということが考えられる。

こうした先行研究の成果によって、議会改革がどのような要因で促されるのか、どのような要因が重要となってくるのかなどについて明らかになっている。しかし、地方議会が具体的にどのような過程を経て改革を実施しているのかまでは明らかにされていない。比較的改革が成功している地方議会ではどのように改革を進めているのか、また、議会改革に関わっている議長や議員、議会事務局などがどのような役割を担っており、それぞれがどのような改革に関わっているのかについてまで明らかにされていない。

例えば、2.5 で触れたが、自治体議会改革フォーラムが実施している「全国自治体議会の運営に関する実態調査」において議会改革を実施する際の組織形態に関する調査が行われている。それぞれの組織形態の違いによって、議会改革の成果に違いや差が生まれている可能性があると考えられる。地方議会が改革を進めていく上で、どのような組織形態を採用することが改革を進めやすいかなど、考慮すべき点もいくつかあるといえる。そこで、本書で

は、組織形態の違いに着目して、議会改革の過程から検証していくことを試みていきたい。

5　本書の分析枠組みとデータ

5.1　議会改革の組織形態とその成果

　議会改革の組織形態に着目する理由は、一たび選択した組織形態が後の成果に大きな影響を及ぼす可能性があるためである。つまり議会改革の組織形態の選択は、重大な分岐点（critical juncture）となる可能性がある。重要な分岐点の考え方は、歴史的比較政治学において着目されるアプローチであり、決定的な要因が後の結果に大きな影響を及ぼすことを強調する議論である（Collier and Collier 1991）。地方議会改革の文脈で考えれば、どの組織形態を採用したかによって後の得られる成果に大きな違いが生まれると考えるものである。どの組織形態を採用するかに関しては、そのときの議長や会派の状況など個々の議会の有する文脈に依存する。特定の環境のもとで、特定の組織形態が採用され、改革が一たび進み始めれば、今後その組織形態での改革は、正のフィードバックを伴い、よい循環を持ちながら、持続することに繋がる。どの改革の組織形態を採用するかによって差が生まれ、その差が次第に大きくなっていく。そのため、改革の組織形態の選択は重要な意味を持ち得る。

　これまでの先行研究や現状を踏まえて、地方議会改革を検証するために、改革の組織形態とその成果の帰結を推論する。そこで、表1-1の枠組みを設定する。

　この枠組みは、自治体議会改革フォーラムが実施している市町村に対するアンケート調査をもとに作成したものである。本書は、議会改革の過程に着目し、どのような過程を経ていくことで改革が可能になるのかを明らかにする。その際、議会改革を進める際の組織形態に着目する。こうした組織形態の違いは、議会改革の成果にも違いを生むと考えられる。

　第1に、「議会運営委員会」による改革は、透明性及び討議機能を強化すると考えられる。「議会運営委員会」は、1991年の自治法改正により設置が

36

表 1-1.　地方議会改革の組織形態とその成果の推論

	議会運営委員会	特別委員会	調査会・検討会	常設の議会改革推進組織	専門家・住民を含む組織
1.　立法機能	△	△	△	△	○
2.　透明性	○	○	△	△	△
3.　討議機能	○	○	△	○	△
4.　定数と報酬	×	×	△	△	○
5.　事務局機能	△	△	△	△	△
6.　住民参加	×	×	△	○	○

（注）○は議会改革の効果あり、△は効果不明、×は効果なしを意味する。
（出典）筆者作成。

可能となった委員会である。自治法第 109 条第 3 項は、条例により議会運営委員会を設置できることが規定されており、議会運営委員会の所管事項は、①議会の運営に関する事項、②議会の会議規則、委員会に関する条例等に関する事項、③議長の諮問に関する事項に限定されている。この規定からも分かるように、議会運営委員会は、議事日程を調整し、発言の順序などを取り決めるといった議会の運営を担っている。そのため、「議会運営委員会」での改革を進める場合、議案に対する議員の賛否を公開することや、委員会記録の内容の公開といった透明化に寄与するとともに、議員間討議や首長の反問権の導入など、討議機能の強化に寄与することが推論される。

　第 2 に、「特別委員会」を設置して議会改革を進める場合、「議会運営委員会」の際と同様に、透明性及び討議機能を強化すると考えられる。「特別委員会」では、議会として重点的に取り組む改革の事柄が議題として設定される。「議会運営委員会」と同様に、議員のみでメンバーが構成されることから、透明性及び討議機能については、議題として取り上げやすく、改革を行いやすいと考えられる。他方で、議員のみで構成されるため、定数と報酬については、取り上げるインセンティブが十分になく、改革は進まないと考えられる。同様に、議会への住民参加を促進しようとするインセンティブがないと考えられる。

　第 3 に、「調査会・検討会」は、先ほどの「議会運営委員会」や「特別委

員会」とは異なり、臨時で作られる組織形態であり、かつ委員会と比べて議会改革を先導するまでの役割を持っていないため、改革の効果としてはあまり期待できないと考えられる。「調査会・検討会」は、実際に議会改革を行うための準備組織であり、頻繁に開催はされていないと考えられる。そのため、全ての項目で、改革の成果はほとんどないと考えられる。

　第4に、「常設の議会改革推進組織」は、常に議会改革について推進する体制が整えられていることから、改革の効果はある程度、期待できるといえる。「常設の議会改革推進組織」は、議会基本条例により、継続的に議会改革を行うために設置される組織である。例えば三重県議会基本条例第22条には「議会は、議会改革に継続的に取り組むため、議員で構成する議会改革推進会議を設置する」と規定されている[8]。常設の議会改革推進組織のメンバーは議員のみで構成されることが通常であると考えられるが、他の地方議会によっては専門家が含まれることも考えられる[9]。全議員がメンバーであるため、議員個人の賛否を明らかにすることなど透明化には十分に取り組めない可能性がある。他方で、議員間討議であれば、執政府を呼ぶことなく、議員のみで取り組める事項であるため、改革が進むと考えられる。また、推進組織の構成メンバーに依存するが、議会多数派や議長の意向として、開かれた議会を作るために、議会が主催する住民との対話会を設けることや、住民による請願・陳情を議会内で聴取する制度を設けることが考えられる。

　第5に、「専門家・住民を含む組織」で改革が進められる場合、議員のみで構成される改革とは一線を画すと考えられる。専門家や住民は、住民の利

8　三重県議会（2006）「三重県議会基本条例」。
　　http://www.pref.mie.lg.jp/KENGIKAI/07800008292.htm（2018年9月11日確認）
9　栗山町議会では2008年に議会基本条例を一部改正し、第11条に「議会は、議会改革に継続的に取り組むため、議員で構成する議会改革推進会議を設置する」と規定し、第2項において「議会は、必要があると認めるときは、前項の議会改革推進会議に学識経験を有する者等を構成員として加えることができる」としている。このため、常設の議会改革推進組織であっても、一部の議会ではメンバーが異なることが考えられる。
　　栗山町議会（2008）「栗山町議会基本条例の一部を改正する条例」。
　　http://www.town.kuriyama.hokkaido.jp/gikai/activity/file/a_008.pdf（2018年9月11日確認）

益を最大化するような効用関数を持っていると予想される。そのため、「定数と報酬」を見直すことや、議会への住民参加が促されるような改革が進みやすいといえる。また、条例制定・修正についても、議会としての立法機能を強化することで、機関競争主義を働かせるように改革を行うと考えられる。それは、議会が立法機能として役割を果たすことで、住民の多様なニーズに対応できるようになると考えられるためである。

　このように、議会改革の組織形態の違いにより、議員のみで構成されるか否か、あるいは開催の頻度や目的の違いから異なる成果が得られると推論される。

5.2　本書で用いるデータ

　本書の第2章から第6章までは定量分析を行っている。第7章については事例分析を行っている。

　本書で用いるデータは、2013年の市町村クロスセクションデータである。表1-2に、本書で用いる記述統計量を示している。主に依拠したデータは廣瀬・自治体議会改革フォーラム（2014）が公開している「全国自治体議会の運営に関する実態調査2014」及び、地方自治総合研究所（2014）が公開している『全国首長名簿』より市町村長に対する推薦・支持政党及び議会内党派別内訳を用いている。

　党派性については、保守系首長、革新系首長、革新系議席割合を入れている[10]。保守系首長は、自民党・公明党の推薦・支持があれば1とするダミー

---

[10]　党派性ではなく、与党議席率や拒否権プレイヤー（政策変更に影響を及ぼす制度やアクターを示す概念）を変数として含める方がよいのではないかということが考えられるが（築山2015, Tsebelis 2002）、党派性を変数にしている理由として、首長を支持するかどうかという会派による政治的枠組みが政治的決定に影響を及ぼすと考えられるためである（辻2006a）。また、砂原（2011）は、財政運営に関してbudget distance（現状維持点からの距離）を測定し、相互作用モデルの検証を行っているが、本書では、首長の支持基盤の重要性を検証するため党派性モデルの検証を行っている。砂原（2011）は1990年代以降の党派性モデルが妥当しないことを示しているが、首長と議会の関係を考える上で、首長の支持基盤は測定が容易であり、いまだに党派性モデルは説得力のあるモデルであると考えられるためである。

表 1-2. 記述統計量

	n	平均値	標準偏差	最小値	最大値
議会内での請願・陳情あり	819	0	1	0.32	0.47
公聴会あるいは参考人招致を行った	820	0	1	0.20	0.40
議会と住民の対話の場の回数	817	0	55	2.88	5.5
会議が条例で原則公開	820	0.461	0.499	0	1
傍聴者への資料の提供	819	0.681	0.466	0	1
会議資料の審議後の公開	820	0.618	0.486	0	1
常任委員会の記録がホームページから閲覧可能	820	0.382	0.486	0	1
議案に対する賛否の公開	820	0.660	0.474	0	1
2014 年 12 月 31 日時点の議員定数	793	24.550	9.373	8	86
2014 年 12 月 31 日時点の議員報酬	794	418693.10	115155.40	180000	953000
4 年間で議員定数の削減あり	820	0.527	0.500	0	1
4 年間で議員報酬の削減あり	788	0.156	0.363	0	1
一問一答を導入	820	0.813	0.390	0.000	1.000
首長の反問権を認めている	820	0.452	0.498	0.000	1.000
実際に反問権があった	814	0.168	0.374	0.000	1.000
自由討議規定あり	820	0.402	0.491	0.000	1.000
任意の議決事件を追加	820	0.563	0.496	0	1
議員による修正案の可決件数 1 以上	779	0.130	0.336	0.000	1.000
パブリックコメントあり	812	0.149	0.356	0.000	1.000
政策提案を行うための特別な場を設置している	820	0.101	0.302	0.000	1.000
議会運営委員会	820	0.257	0.437	0	1
特別委員会	820	0.294	0.456	0	1
調査会・検討会	820	0.160	0.367	0	1
常設の議会改革推進組織	820	0.056	0.230	0	1
議会改革は終了した	820	0.065	0.246	0	1
保守系首長	820	0.284	0.451	0	1
革新系首長	820	0.094	0.292	0	1
革新系議席割合	818	10.067	5.677	0	35
財政力指数	794	0.632	0.253	0.11	1.56
対数議会費	820	12.694	0.581	10.902	14.976
第一次産業従業者割合（第一次産業従業者数（人）÷労働力人口×100）	820	5.324	5.503	0.012	34.438

第二次産業従業者割合（第二次産業従業者数（人）÷労働力人口×100）	820	20.105	6.638	4.868	39.633
持ち家比率（％）	773	69.716	12.278	32.800	95.500
政令指定都市	820	0.024	0.154	0.000	1.000
老年人口割合	820	25.155	5.402	11.700	43.800
課税対象所得（納税義務者1人当たり）	820	2908.573	556.972	1921.300	9037.200
可住地面積 1 ㎢当たりの人口密度（人）	819	2285.926	3293.999	73.700	21881.50

変数である。革新系首長は、共産党・社民党の推薦・支持があれば1とするダミー変数であり、革新系議席割合は、定数に占める共産党・社民党の議席割合を示している。保守系議席割合を含めていない理由としては、社会環境を示す持ち家比率と相関が見られるためである。

　その他、政府統計「e-Stat」[11]を用いて、総務省統計局統計調査部国勢統計課の『平成 22 年国勢調査』から「老年人口割合」、「第 1 次産業就業者数」及び「第 2 次産業就業者数」、国土交通省国土地理院測図部調査資料課の『平成 25 年全国都道府県市区町村別面積調』から「可住地面積 1 ㎢当たりの人口密度（人）＝人口総数／可住地面積」、総務省統計局統計調査部国勢統計課の『平成 20 年住宅・土地統計調査』から「持ち家比率（％）＝持ち家住宅数× 100 ／居住世帯あり住宅数」、総務省自治財政局財務調査課の『平成 25 年地方財政状況調査』から「議会費」、総務省自治税務局市町村税課の『平成 25 年市町村税課税状況等の調』から「課税対象所得（納税義務者 1 人当たり）」をそれぞれ入手し、総務省（2013）より「政令指定都市」を作成した。

　また「第 1 次産業就業者数」、「第 2 次産業就業者数」及び 15 歳以上の「労働力人口」を用いて、「第一次産業従業者割合」及び「第二次産業従業者割合」を作成した。加えて、分析に当たり、議会費を対数変換している[12]。

　第 4 章の 4 年間での議員定数の削減の有無については、朝日新聞「2015

11　「e-Stat」は総務省統計局が整備し、独立行政法人統計センターが運用管理を行っている。
　　https://www.e-stat.go.jp/regional-statistics/ssdsview（2018 年 7 月 4 日確認）

年全国自治体議会アンケート」の結果を用いている。4年間での議員報酬の削減の有無については、全国市議会議長会及び全国町村議会議長会のデータより作成している。したがって、第4章では、2011年から2014年までの4年間を対象として分析する。この4年間のデータで分析する理由は、2011年に統一地方選挙があり、その後の4年間の議会改革の成果を検証する意味合いがあるからである。また、合併などの急激な変化があった時期を加えると、議会改革の成果を正確に検証できないからである[13]。

　サンプルは、自治体議会改革フォーラム「全国自治体議会の運営に関する実態調査2014」に回答した全市町村を基本としているが、政治変数を加えることが重要であると考え、『全国首長名簿』に記載されている自治体などによって制約を受けている。また持ち家比率のデータは欠損値も多く773となっている。これらのデータを組み合わせて用いるため、サンプル数が768から771の間となっている。本書では、市町村議会における議会改革の成果に焦点を当てている。なぜ都道府県議会ではなく、市町村議会に焦点を当てるかというと、市町村が基礎自治体であり、住民の生活を考える上で最も重要な役割を果たしているためである。2014年4月時点で市区町村の数は1718であり、都道府県の47と比べて、圧倒的に数が多い。また、都道府県の方が横並び競争があり、画一化されていると考えられる。一方で、市町村は人口規模のばらつきも大きく、地域間格差も大きいと考えられる。加えて、都道府県は国と市町村の間に位置しており、自ら政策立案できる範囲が限定されている。市町村は、基礎自治体として、地域に根差した身近な問題に

12　議会が自己改革である以上、財政的な余力がなければ取り組まないと考えられる。一般財源に占める議会費の比率を採用することを考慮したが、山崎（2003）が指摘するように、財政規模が小さいほど、議会費の割合が高くなる傾向がある。これは議会費自体が支出の一部に過ぎず、全体の支出に占める議会費の割合を取ると、通常の議会費と負の相関を持つことになる。そのため、対数化した議会費をそのまま分析に含めることとする。

13　分析対象の2011年から2014年に合併をした自治体は、西尾市、松江市、一関市、栃木市、出雲市、及び川口市の6市であり、合併の影響を考慮して分析対象から除外している。

取り組むことが求められている。そのため、地方議会改革の成果を検証する場合、都道府県よりも市町村の方が、研究対象として望ましいと考えられる。

6　改革過程における組織形態への着目

　本章では、地方議会改革の背景や目的、改革の動向を概観し、これまでの先行研究を整理してきた。また、地方議会改革の進め方の組織形態によって、その成果が異なることを推論した。地方政治においては、首長と議会の二元代表制であり、議会は合議制機関であり、政党・会派に分かれ、多元的な利益分化を反映している。地方分権改革以降、自治事務が増大し、議会の審議権、議決権、調査権、監査権が及ぶようになったため、議会改革が求められるようになったといえる。また、議会への関心が低いことや政務調査費の不正使用などの外部環境の変化により、議会改革をすることが求められているといえる。

　現状分析では、自治体議会改革フォーラム及び日経グローカルの実態調査を用いて、改革の進展を示した。例えば、2016 年の調査では、常任委員会審議の全文を記録し、ホームページ上で公開を行っている議会は 23.2 ％であり、2009 年調査と比べて約 2 倍の水準へと増加していることを確認した。

　議会改革に関する先行研究では、議会改革がどのような要因で促されるのか、どのような要因が重要となってくるのかなどについて明らかにした。長野 (2012) には、住民との対話の場が議会基本条例に作用していること、議会費が議員提案条例に作用していること、議員間討議及び請願・陳情における住民の提案説明が議会による議案修正に作用していることが示されていた。しかし、地方議会が具体的にどのような過程を経て改革を実施しているのかは明らかにされていない。

　そこで、議会改革の過程を明らかにするため、組織形態の違いに着目し、改革の組織形態と成果の関係について推論を行った。重要な点は、議員のみで構成されるか否か、また開催の頻度が通常の年 4 回の会期に限定されるのか、あるいは継続的に開かれるのか、そして改革を扱う委員会や組織の性質

により、異なる成果が得られるのではないかということである。

　ただし、本書に示す議会改革の組織形態と成果の関係が、一般性を持つかどうかは、今後、さらなる検証が求められるものである。事例によっては、複数の組織を併用している可能性も想定され得る。また、選挙を経た後に、「議会運営委員会」による改革から「特別委員会」を設置して、改革を進めるなど、変更が加えられることも考えられる。

　こうした課題があるとはいえ、改革の組織形態の違いにより、異なる成果が得られることが明らかとなれば、今後の改革の組織形態を選択するときに役に立つと考えられる。例えば、透明性や討議機能を強化したいと考える議会があったとすれば、「議会運営委員会」や「特別委員会」による改革を進めるべきと判断することが可能となる。あるいは、議員定数や報酬が高いと考える議会があれば、専門家や住民を含めて、議論をすることにより、住民が納得のできる適正な定数や報酬に是正されることに繋がる。そうした議会改革を進める上での過程を明らかにしていくことで、今後の改革の方向性が示されるのではないだろうか。

第2章

議会への住民参加

1 議会と住民

　本章では、地方議会改革で取り上げられる地方議会への住民参加に着目し、検証を行う。地方自治体の理念は、住民による自治であるため、真の意味での自治体であるためには、議会の代表機能を縮小できることが好ましい（Arnstein 1969, Connor 1988, 田村 2000）。実際には、住民の参加が進むほど議会の機能が縮小することや（濱本 2010）、住民参加を経て提出された議案については修正することが難しいので、議会の議決権を制約する（廣瀬 2011）という問題も抱えている。

　他方で、自発的に参加する人の意見を聞くだけでは偏りが出るという議員の意見もあり、議会は住民の意見と代表性という議会機能の確保のバランスを取ることが求められる。伝統的には、自治法に規定される公聴会や参考人招致（自治法第115条の2）により、住民や専門家の意見を踏まえて議会が結論を出すことになる。今日では、住民による意思を軸として、議会の意思決定手続きに民意を反映させることで、代表機関としての役割を果たすことができるのではないだろうか[1]。しかし、実態としてどれほど公聴会や参考人招致といった制度が活用されているかには疑問が残るといえよう。

　本章は、2. において形だけの議会改革が行われている問題を指摘し、議

1　例えば、江藤（2002, 2004b, 2006）によると、住民と協働し、議会本来の意義である討議を発揮できる地方議会を協働型議会として位置づけており、住民とともに議会が監視する監視型議会と公聴会、参考人招致の活用、全員協議会の活用、住民活動の支援、住民投票での積極的活動といったアクティブ議会を併せたものが協働型議会であるとしている。

会への住民参加に関する先行研究が不十分であることを指摘する。2. 3 にお
いて、従属変数である議会への住民参加に関する請願・陳情、公聴会、参考
人招致及び対話会に関する先行研究を整理する。3. 1 では、議会で住民の請
願・陳情を説明する規定要因が、政策波及と同様に相互参照されるかを確認
するため、動的相互依存モデルについて概観する。3. 2 及び 3. 3 では、住
民参加に影響を与える重要な概念である党派性モデル及び社会関係資本の先
行研究を整理する。党派性モデル及び社会関係資本は、議会への住民参加を
促し得る重要な概念であるためである。4. において本章で用いる仮説と分
析モデルを提示する。5. 1 で動的相互依存モデルを検証し、5. 2 で実際の住
民参加に関する議会改革の検証を行う。そして、6. において結論を与え、
課題を提示して締め括る。

2 現 状 分 析

2. 1 議会改革の動向と課題

　現在、地方議会改革は、議会基本条例の制定と実践を通して進められてい
る。全国で初めてとなる議会基本条例が栗山町において 2006 年 5 月に制定
された。栗山町では議会基本条例が制定される前の取り組みとして、2002
年より情報公開条例の制定、議会のライブ中継、2005 年より議員が住民か
らの意見や批判を聞く「議会報告会」が実施されている（神原 2008）。この
一連の改革により、議会から住民への情報公開と議会への住民参加が行われ、
議会と住民との関係の改革が行われている。

　議会改革の問題は、実態を伴わない形だけの議会改革がなされている可能
性があることである。近隣自治体が議会改革を始めたことを踏まえ、他の自
治体の動きを参考にする相互参照メカニズムによって、改革が波及していく
（伊藤 2002）。ただし、議会改革を行うという形だけの改革を行う自治体が存
在することを否定することはできない。また、本質が欠如した形だけの議会
基本条例を制定している議会が多く存在しているという批判もある（東京財
団政策研究所 2011）。

2.2　住民参加の動向と課題

　住民参加に関する研究は、地方自治論を中心に行政学、政治学などの研究分野でいくつかある。その中で、ゲーム理論によって住民参加を分析している吾郷（2006）によると、行政と住民の間に情報量の格差がある場合、情報伝達がうまくいかず、非効率な政策決定がなされることが示されている。その上で、住民と行政の意見のギャップが大きくない場合には、行政は住民から意見を聞く公聴会程度に留めておくこと、他方で意見のギャップが大きい場合は、十分な数の賛同者がいれば住民に政策決定権を与えるべきであることを結論としている。

　一般的に、住民参加に関する研究は、住民、行政、議会の 3 者のうち、住民と行政の関係で議論される。近年では住民と行政の協働に関する研究もあり（小田切 2014, 新川 2015）、住民と行政の参加、協働に関する研究成果は多く蓄積されている。一方で、議会への住民参加に関する研究は十分になされていない（江口 1999, 鈴木他 2004）。また、議会における住民参加の課題として、議会と住民の意思の乖離が挙げられる[2]。つまり、選出された議員は、自分たちが住民を代表しているという自負があるため、選挙後の議会運営において、政党や自分の利益に関する政策を優先し、住民意思から乖離する場合がある。加えて、首長提案、議案については多数決により合意形成されるものの、その他の政策形成についてはほとんど合意形成の努力が行われていないとされる（江口 1999）。

　また、住民参加と一言でいったとしても、地方自治体における住民参加には様々な形態が存在している。例えば、住民運動やデモ、有力者との接触、役所や政治家との接触、会合・集会への出席、請願・陳情などである。伊藤・辻中（2009）では、自治会・町内会等、NPO（Non-Profit Organization）、住民団体、環境団体や福祉団体、業界団体等の市民社会組織に着目し、どの

2　住民意思の乖離は、多くの議員が首長の政策へと接近し、議会がオール与党化する問題である。江口（1999）では、工事や契約案件などに関する議会の関与も限定されており、報告を受けたとしても質疑がなされない状況にあることを指摘している。

程度政策過程へ参加が進展しているかを明らかにしている。2007年に市町村の住民活動、環境、福祉、産業振興の各部署の担当者へのアンケート調査を行った結果として、自治会の参加が広く認められており、都市規模が大きい市町村ではNPO・住民団体の参加が見られること、市町村行政の透明性やサービス度が高ければNPO・住民団体の関与度が高いことが明らかにされている。

　また、濱本（2010）は、伊藤・辻中（2009）と同じアンケート調査を用いて、議会改革と住民参加に関連性があることを指摘しており、開かれた議会改革が行われているほど、一般住民やNPO・住民団体の審議会への参加が上昇するとしている。

　市町村議会と住民参加に関して、長野（2012）では、2010年度の自治体議会改革フォーラムの調査を用いて、議会基本条例がどのような要素によって促進されるか、また議員提案条例と議会による議案修正がどのような要素によって促進されるのかを共分散構造分析を用いて明らかにしている。その結果によると、住民との対話の場が議会基本条例に作用していること、議会費が議員提案条例に作用していること、議員間討議及び請願・陳情における住民の提案説明が議会の修正に作用していることが明らかにされている。これらの先行研究からも、住民参加に関する課題は、行政への住民参加に関する研究がある程度、蓄積されている中で、議会への住民参加に関する実証研究が極めて少ないことにあるといえる。

2. 3　請願・陳情、公聴会・参考人招致、対話会

　次に、従属変数である請願・陳情、公聴会・参考人招致、及び議会の開催する住民との対話会について概説する。請願権は憲法第16条に規定される権利であり、本来、公の機関に対して希望を述べる行為であると解されている。そのため、地方議会も公の機関であることから、当然に国民の権利である請願権行使の相手方となっている（松本 2003）。また、地方議会に請願を行おうとする者は、議員の紹介により請願書を文書で提出しなければならない（自治法第124条）。

　他方で、陳情は公の機関に対して、一定の事項について、その実情を訴え、一定の措置を求める事実上の行為を指す（松本 2003）。陳情は事実上の行為であるため、一定の形式を求められている訳ではなく、議員の紹介も必要ではない。実際には陳情も請願と同様に受理され、処理が適切であるものについては、請願の例により処理することが議会の会議規則で定められている（松本 2003）。

　通常、請願・陳情の審査は委員会で行われており、請願に関して野村（2000b）は「願意に対する執政府の意見を聴いて採択、不採択を決める傾向にある」ことに問題があると指摘している。この問題に対して、委員会は必要に応じて請願者を参考人として招いて願意を聞くことや、現場を見ることを提言している。

　公聴会制度については、自治法第 115 条の 2 に「普通地方公共団体の議会は、会議において、予算その他重要な議案、請願等について公聴会を開き、真に利害関係を有する者又は学識経験を有する者等から意見を聴くことができる」と規定されている。公聴会制度は、委員会における特定の重要案件の審議に当たり、より周到な審査を期するため、利害関係者や学識経験者等の住民の意向を直接聞く機会を設けることによって、間接民主制を補完する制度であるとされる（松本 2003）。ただし、手続きの煩雑さと、会期制という時間的制約があることから、公聴会が開催されることは稀であるとされる（小林 1993, 松本 2003）。

　参考人招致は 1991 年の自治法改正により規定された（自治法第 115 条の 2 第 2 項）。参考人招致は公聴会と同様に、委員会が調査、審査に際して必要な場合、参考人の出頭を求めてその意見を聞くことができるものである（小林 1993）。この参考人招致が法制化されたことにより、請願者及び陳情者についても、参考人として出席を求め、正式に当該委員会として発言、説明を求めることが可能となった（小林 1993）。手続きについては、公聴会制度よりも簡便であり、議長の承認なく、委員会の議決によって参考人を指名することができる（小林 1993）。

　議会の行う対話会は、議員と住民が交流する場であり、2006 年中に開催

されたのが栗山町を含む8つの自治体のみであったものが、2013年中には714自治体（45.1%, n = 1583）と大幅に広がりを見せている[3]。

3 分析モデルの概要

3. 1 動的相互依存モデル

政策波及は、我が国では主に伊藤（2002, 2003a, b）によって一定の研究蓄積がある。伊藤（2002）は、政策波及について「同種の政策を多くの自治体が採用することによって、それが全国に広がる現象」として定義している。こうした現象を実証するために、理論的な仮説として動的相互依存モデルを提示している。このモデルでは、自治体が新たな政策を形成する際に、相互に政策案を参照する現象を説明するものである。

動的相互依存モデルは、自治体行動に関する①内生条件への対応、②相互参照メカニズム、③横並び競争の3つのメカニズムから構成されている。まず、内生条件とは、当該自治体が所轄する領域の社会的、経済的、政治的条件のことを指している。具体的には、政策採用に影響を与える社会的・経済的環境の状態を指す要因が「社会経済要因」であり、政治アクターの選好や勢力を示す要因が「政治要因」である。「社会経済要因」は、都市化が進んだ自治体では、環境保全政策が採用されやすいなど、その自治体の社会経済的な要因が考慮されることである。一方、「政治要因」は、ある政策を首長が必要と考え、強いリーダーシップを発揮すれば、その政策の実現性は高まることなどが考慮されることである。この内生条件が整った自治体では、国レベルでも採用されていない政策を新たに形成することが可能になるといえる。しかし、こうした内生条件を整える自治体は、それほど多くはなく、十分に成熟しているところは数としては少ない。そこで、次に相互参照メカニ

---

3 55回の対話会を行っている議会は、山口県山陽小野田市である。同市は、議会報告会を年4回の定例会に合わせて、連日6日間行うことに加えて、議会市民懇談会及び議会出前講座を行っているため、最も多い回数となっている（山陽小野田市 2013）。

ズムについて見ていくことが必要になる。

　相互参照メカニズムとは、「自治体が政策決定に際して、他の自治体の動向を参考にする行動」のことであり、ある自治体が新規政策を採用した際に、それを参考にし、政策の採用に向けて動き出すことを意味している。こうした相互参照メカニズムが自治体間で行われる理由として、不確実性の高い環境のもとで、自治体は政策を採用することを決定しなければならないことが挙げられる。すなわち、不確実性の高い環境下で政策採用の結果が十分に見通すことのできない自治体では、他の自治体における政策採用の一連の行動を判断材料として、政策採用の決定が行われることを、相互参照メカニズムで説明しようとするものである。

　その他に、横並び競争は、不確実性が低い環境のもとで起こり、「政策を採用すれば便益が見込まれる状況のもとで、我先に政策の採用に乗り出す行動」を意味する。不確実性の低下は、国の政策的な介入と政策の規範化によってもたらされる。

　これら 3 つによって動的相互依存モデルが構成されることになる。自治体は、新たな政策課題に対して、他の自治体の動向を見極めながら、不確実性に対処しつつ新たな政策を策定していくことになる。この場合、内生条件と相互参照メカニズムが働くことで新たな政策が決定されていき、それが自治体間に波及していくことになる。ただし、政策課題に対する注目が集まることで、国が政策の採用に乗り出すケースが多くある。それによって、政策決定に伴う不確実性が軽減され、自治体間の競争が始まることから、横並び競争のメカニズムが働くことになる。つまり、3 つのメカニズムのうち、どれが最も強い作用を及ぼすかは国が関与する時期によって決まることになる。

　伊藤（2002）は、この動的相互依存モデルを情報公開条例、環境基本条例、環境アセスメント制度、福祉のまちづくり条例の事例分析と、イベント・ヒストリー分析によって実証研究を行っている。ここでの分析では、主に都道府県、政令指定都市レベルの自治体を対象とし、東北、関東、甲信越、北陸3 県、中部、近畿、中国、四国、九州を基本的な準拠集団として設定している。ただし、ここではいくつか補正を加えており、政令指定都市、政令指定

都市を持つ道府県、東京都及び埼玉県は1つのグループとするなどの設定を行っている[4]。これは、財政、人口規模や都市化の度合いが同程度の自治体同士が参照する場合が多いことを踏まえたものである。

この実証研究では、国の介入が遅れた情報公開及び環境アセスメントについては、内生条件のメカニズムが強く働き、準拠集団の動向が重要であることが確認されている。一方、早い段階から国の介入があるケースでは、新政策の不確実性が軽減され、多くの自治体が政策の採用に向けて行動する。つまり、横並び競争のメカニズムが働くことになる。この伊藤（2002）の研究を嚆矢として、その後、動的相互依存モデルの裏づけがなされている（古川・森川 2006, 鎌田 2010）。

3. 2　党派性モデル

次に党派性についての研究は Laver and Hunt（1992）及び Laver and Shepsle（1996）を嚆矢として、地方議会における知事や議員の党派が、財政運営に与える影響について蓄積が行われている[5]。例えば、加藤（2003）や砂原（2006）、近藤（2013）では、党派性によって、支出構成が変化することを実証的に示し、曽我・待鳥（2007）では、党派性によって支出構成が異なることを示している。加えて、財政規律についても党派性が関係しているとする田村（2006, 2013）の研究もある。

これらの研究では、知事や議会における党派性が支出構成に影響を与えることを、統計的に確認している。党派性が支出構成に影響を与えるのであれば、党派性によってその他の政治的決定や政治的スタンスに対しても違いが生じることが予想される。そこで政府支出以外にも目を向けると、党派性と住民の請願採択について分析した研究が辻（2006a, b）である。辻（2006b）では、地方議会の会派と、住民の請願について分析を行っている。1971年か

4　他にも、福島、山梨、香川の3県は、それぞれ隣接する関東、近畿地区から影響を受けるものと考えて、福島、山梨は関東地区、香川は近畿地区に加えている。

5　党派性モデルは、Hibbs（1994）においても示されており、砂原（2011）においても党派性モデルという表現が用いられている。

ら 1999 年の大阪府議会、1995 年から 1999 年の滋賀県議会、京都府議会、
兵庫県議会、奈良県議会、和歌山県議会に提出された請願を分析対象としている。大阪に関しては、1971 年 4 月から 1979 年 4 月の黒田了一知事政権下では、1 つの請願に対して超党派による複数の議員の紹介が得られ、議会の党派性に請願が影響を受けていないことを指摘している。しかし、1979 年 4 月岸昌政権に移行して以降、その傾向は見られなくなり、知事野党である共産党議員単独で紹介となった請願はほとんど採択されないという状況になる。具体的には、不採択となった請願 40 件のうち、39 件が共産党議員単独での請願となったものであり、一部不採択となった 62 件のうち、59 件が同様に共産党議員単独での請願となったものであった。その他の議会との比較においても奈良県議会を除いて[6]、知事与党会派と野党会派の対立構造が見て取れると指摘している（辻 2006b）。

　黒田は共産党と社会党の支持を受けて当選した革新系知事であり、革新系政党が住民運動などに支えられている場合も多く、住民の請願を無視できない可能性が考えられる。例えば、革新系自治体の先駆けとなった、1967 年に発足した美濃部亮吉都政は、積極的に住民自治を評価している例であるといえる（梅原 2007）。

　時期によって濃淡はあるが、党派性は支出構成に影響を与え、とりわけ革新系政党は教育などの人的資源に支出を手厚くすることが先行研究では確認される[7]。同様に、党派性の違いによって住民参加を促進・抑制する効果が考えられる。とりわけ、黒田府政などを踏まえると、革新系知事が住民参加を促進させる可能性が高いといえる。本章の実証分析では、首長や議会の党派を表す変数を入れることによって、党派性が住民参加に与える影響を解明

6　奈良県議会は期間中の請願数が 19 件と少なく、母数が小さいため採択の傾向が分析できないことが原因であるとしている。

7　一方で、砂原（2011）のように、党派性の影響は必ずしも大きくないとする研究も存在する。先ほど紹介した砂原（2006）においても、冷戦終了後は党派性の影響力は低下しているとしている。しかし、党派性を肯定する研究も、砂原（2006, 2011）の研究も、分析対象は都道府県レベルに限られている。本書は市町村を分析しており、分析対象が異なる点からも、党派性を検討する意義は大きいと考える。

する。

3.3　社会関係資本

　地方議会における住民参加を論じる上で、重要となるのが地域の文化的な違いを示す社会関係資本である。社会関係資本（social capital）の概念が注目を集めるようになったことの契機として、パットナムの研究を挙げることができる（Putnam 1993）。社会関係資本とは「可視化されない形で市民の間に存在している新しいタイプの公共財」であり、「市民の間のネットワーク、及びそれによって生み出される信頼や互酬性の規範などを示す概念」であるとされている（坂本 2010）。

　Putnam（1993）では、社会関係資本を測定するために、州別の優先投票率、国民投票率、新聞購読率、スポーツ・文化団体の活性度という４つの指標から市民共同体指数を作成している。社会関係資本の実証研究では、自治会や町内会、労働組合などの組合組織率、ボランティアへの参加率、持ち家比率などが用いられている（高木他 2011, 吉岡 2005）。

　布施（2008）では、近所付き合い、親類付き合い、趣味の繋がり、ごみ出しのマナー、他人に対する信頼、地域の行事の頻度、地域の行事の活動、地縁的な活動、ボランティア活動に対して、持ち家に住むことが有意に正の影響を与えていることを実証している。すなわち、持ち家に住む人ほど社会関係資本に繋がる活動に従事していることを示している。本章では、持ち家比率を社会関係資本の代理変数とみなし、社会関係資本が議会への住民参加に影響を与えているかを検証する。

4　仮説と分析モデル

　第１章で触れたが、自治体議会改革フォーラムのアンケート調査によれば、議会改革の組織形態は、４つ存在している[8]。１つ目は、「議会運営委員会」の案件として検討するものであり、議会の中でも議事運営を担う「議会運営委員会」が主導するものである。２つ目は、「特別委員会」を設置して検討

するものであり、特定の課題に対して常任委員会とは別に委員会を設置して検討するものである。3つ目は、議員のみで構成する「調査会・検討会」で検討するものであり、議会の中でも委員会以外によって進める組織形態である。4つ目は、上述のもの以外の「常設の議会改革推進組織」を設置するものであり、議会が開かれる時期以外にも活動できる組織形態となっている。この他、既に議会改革の取り組みは終了したので、組織は解散しているという選択肢がある。この選択肢によって、既に議会改革が終了した自治体の成果を検証できる。

　動的相互依存モデルでは、市町村の請願・陳情に関する住民参加（議会内での住民による請願・陳情の提案）が、周辺地域に広まっていることを検証する。つまり、周辺の準拠自治体の導入状況を踏まえて、当該自治体が制度を導入するか意思決定を行う。ここでは、請願・陳情に関する規定が都道府県内で波及しているのか、また地域間で波及に違いがあるのかを検証する。

　党派性モデル及び社会関係資本は、住民参加を促すと考えられる重要な概念であり、本書では、議会改革の検証を行う上でコントロールすべき変数として取り扱っている。党派性モデルでは、保守系、革新系というイデオロギーの違いが、議会への住民参加に違いを与えることが予想される。先行研究が示すように、革新系においては、請願・陳情が多いことから、革新系首長及び革新系議席割合が、議会への住民参加にプラスの影響を与えると予想する。

　社会関係資本では、社会関係資本が議会への住民参加にプラスの影響を与える可能性を考慮している。請願に関しては、議員の紹介が必要であり、個人的な議員との繋がりがあるため、住民と議員の癒着であると捉えることも可能であるが、調査項目の請願と陳情が分かれていないため、幅広く議会への意見表明として捉える。そのため、社会関係資本は、住民参加を促すものと予想される。

8　専門家・住民を含む組織についてはサンプル数が少ないため、分析モデルに含めていない。

分析視角として、本章では動的相互依存モデルが当てはまるかを確認した上で、組織形態の違いによって成果にも違いが生じるのかを検証する。議会改革の成果として、請願・陳情における議会での住民の提案を認めているかどうか、実際に請願・陳情がなされたかどうか、公聴会、参考人招致が活用されたかどうか、議会主導の対話会がどれほど実施されたかを検証する。

　従属変数は議会への住民参加を示す(1)請願・陳情における議会での住民の提案を認めているかどうか、(2)実際に請願・陳情がなされたかどうか、(3)公聴会・参考人招致が活用されたかどうか、(4)議会主導の対話会がどれほど実施されたかという4つの変数である。

　5.1において動的相互依存モデル及び議会改革の検証を行う。続く5.2において、実際の住民参加に関する議会改革の成果及び組織形態の検証を行うこととする。5.1において動的相互依存モデルを検証するのは、制度として広まったかを検証し、その後、実態として活用されたかどうかを5.2で検討するためである。

　分析手法として、議会内での住民の請願・陳情に関する規定導入に関しては、マルチレベルロジット分析を行うこととする。本章では、「議会内での住民の陳情・請願に関する規定導入」について動的相互依存モデルが当てはまり、条例で規定を導入し、議会への住民参加を促す政策が波及しているかどうかを検証する。その際、市町村データを扱い、議会内での住民の請願・陳情に関する規定導入が、各都道府県によって、導入され波及するかを明らかにするため、都道府県という地域の違いをランダム切片として表現されるランダム切片モデル（random intercept model）での推定を行う[9]。言い換えると、市町村が規定を導入するかどうかの準拠集団は、所属する都道府県であり、都道府県内に規定を導入する市町村が多ければ、それだけ同調圧力が高まり、導入される割合が高まると考えられる。政策波及に関する分析と同時

9　イベント・ヒストリー分析を用いずにマルチレベルロジット分析を用いるのは、複数時点における規定を導入するかどうかに関するデータを十分に集めることが難しいというデータの制約に加えて、各都道府県の状況の違いによって、市町村が規定を導入するかを明らかにするのにマルチレベルロジット分析が適していると考えたからである。

に、議会改革の検証を行う。

　次に、実際に議会内で請願・陳情の機会があったか、傍聴者の発言があったか、公聴会・参考人招致を行ったかどうかについては、質的選択モデルである二項ロジスティック回帰モデルを行うこととする。住民参加に関する規定導入ではなく、実際に議会への住民参加が行われているかどうかを検証することで、議会改革の成果が明らかになると考えられる。

　そして、議会と住民の対話の場の回数に関しては、カウントデータであるため、ポアソン回帰モデルあるいは負の二項回帰モデルにより推定を行う。モデルの選択に当たっては、分散が平均値を上回る過分散になっているかを χ^2 検定及び尤度比検定により選択する。また、負の二項回帰モデルが選択された場合、分散を線形関数で捉える NB1 モデルか、二次関数で捉える NB2 モデルかの選択に当たって、対数尤度、AIC（Akaike's Information Criterion）、及び BIC（Bayesian Information Criterion）を比較し、選択する。

5　分析結果と解釈

5.1　請願・陳情の住民参加の規定導入に関する動的相互依存モデルの検証

　表2-1は請願・陳情の住民参加の規定導入を従属変数としたマルチレベルロジット分析の推定結果を示している。当初ランダム切片を都道府県に設定し、それぞれ都道府県ごとに切片の違いがあることを想定したモデルを推計したが、χ^2 検定が有意とならなかったことから、都道府県の規定割合をランダム切片としたモデルで推計している。規定割合を都道府県レベルの変数として、ランダム切片に投入している。その際、都道府県内で規定を導入している自治体が1つもない県が青森県、福島県、富山県、奈良県、和歌山県、鳥取県、愛媛県、沖縄県であり、0％の規定割合となっている。また山梨県、岐阜県、佐賀県は県内の規定割合が同一の5％である。こうした同一割合があるため、地域数が47から35に減っている[10]。

　分析の結果、ランダム効果で示される都道府県の規定割合の分散は0.535

表2-1. 請願・陳情の住民参加の規定導入を従属変数としたマ
ルチレベルロジット分析の推定結果

	β	標準誤差	z 値
固定効果			
議会運営委員会	0.7821**	0.3433	2.28
特別委員会	0.6031*	0.3431	1.76
調査会・検討会	0.6875*	0.3766	1.83
常設の議会改革推進組織	1.0722**	0.4690	2.29
議会改革は終了した	−0.0381	0.5417	−0.07
保守系首長	−0.0968	0.1365	−0.71
革新系首長	−0.0474	0.3709	−0.13
革新系議席割合	0.0463**	0.0195	2.37
対数議会費	0.2336	0.2544	0.92
第一次産業従業者割合	−0.2550*	0.1453	−1.75
第二次産業従業者割合	−0.0101*	0.0060	−1.68
持ち家比率	0.0025	0.0121	0.21
政令指定都市	0.0878	0.6420	0.14
老年人口割合	0.0301	0.0291	1.03
課税対象所得	0.0007*	0.0003	2.54
人口密度	−0.0001*	0.0001	−1.96
constant	−7.7745**	3.6841	−2.11
ランダム効果			
	分散成分	標準誤差	χ^2値（1）
	0.535	0.137	13.24***
Wald χ^2 検定量（16）	30.780***		
級内相関	0.0802		
地域数	35		
n	771		

（注）***: p<.01, **: p<.05, *: p<.10 を示す。

で有意となっており、都道府県の規定割合によって切片が異なることを示している。ただし、級内相関は 0.08 とそれほど大きい値となっていないことに留意しなければならない。都道府県の規定割合をランダム切片としたモデルが支持されたことから、市町村における請願・陳情の住民参加の規定導入は所属する都道府県の影響を受けているといえる。

10　福井県、大分県の規定割合は 11.76％で同一、三重県、岡山県の規定割合は 19.23％で
　　同一となっている。

　次に、議会改革の検証に関しては、現状として議会改革に取り組んでいる地方議会では、いずれもプラスで有意な係数が得られている。議会改革の組織形態として「議会運営委員会」、「特別委員会」、「調査会・検討会」、「常設の議会改革推進組織」の 4 つを考慮したが、組織形態に捉われず、議会改革を進めている地方議会では、請願・陳情の住民参加の規定を導入することが分かった。ただし、「議会改革は終了した」議会は、有意な結果となっておらず、2013 年までに先行して議会改革を終えた場合、規定は導入されなかったと考えられる。

　党派性モデルに関しては、共産党及び社民党という革新系首長、及び革新系議会議員が多い場合、住民参加が促されると予想した。革新系議席割合はプラスで有意となっていることから、革新系議員が多いほど、規定の導入が行われることが明らかとなったといえる。ただし、革新系首長に関しては有意となっていないため、革新系の首長であったとしても、条例を設けて住民参加を促すとは限らないことが分かった。

　そして、社会関係資本に関しては、持ち家比率を代理変数としたところ、有意な結果は得られていない。社会関係資本と、請願・陳情に関する規定を導入するかについては、この分析結果からは一概に関係があるとはいえない。

　請願・陳情に関する住民参加の規定導入が、都道府県によって変わることを示したが、実際の導入状況がどうなっているのかをグラフを用いて、視覚的に確認する。

　図 2-1 は、ランダム切片として投入した 2012 年の都道府県別請願・陳情に関する住民参加の規定割合を示している。規定割合が 30％を超えた都道府県は京都府（30.4％）であり、それ以外の都道府県は、30％を下回っている状況にある。2 番目から順に、東京都（28.8％）、兵庫県（27.8％）、新潟県（25.0％）、神奈川県（24.2％）、長野県（22.6％）となっている。このようにグラフにしてみると、地域によって規定割合が多い地域とそうではない地域があることが分かる。

　そして、その翌年である 2013 年の都道府県別請願・陳情に関する住民参加の規定割合においては、上位の 5 位は順に、京都府（34.8％）、神奈川県

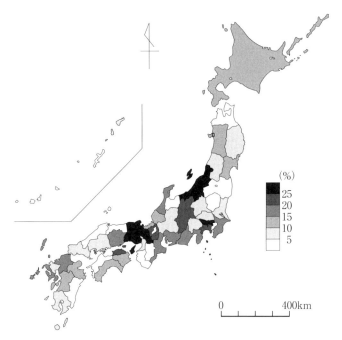

(%)

図2-1. 2012年における都道府県別請願・陳情に関する住民参加の規定がある割合
(出典)廣瀬・自治体議会改革フォーラム(2013)より作成。

(33.3%)、兵庫県(30.6%)、東京都(30.4%)、滋賀県(25.0%)となっている。
2012年と2013年を比較すると、規定割合の多い都道府県は、やや増加して
いる。特に、東京都や神奈川県、京都府や滋賀県の増加は、動的相互依存モ
デルによって波及した効果であると考えられる。

5.2 実際の住民参加への影響に関する分析

　住民参加を促す規定が実際にあったとしても、運用されていなければ無用
の長物になりかねないといえる。そこで、議会改革が成果を挙げたといえる
かどうかを確かめるため、実際に議会へ参加したかどうかを従属変数にし、
分析を行った。

　表2-2は議会への住民参加に関する二項ロジスティック回帰モデルの推定
結果を示している。議会改革、党派性モデル、社会関係資本の順に見ていく

表 2-2.　実際の議会への住民参加を従属変数とした二項ロジスティック回帰モデルの推定結果

	実際に議会内で請願・陳情があり			公聴会あるいは参考人招致を行った		
	オッズ比	頑健な標準誤差	z 値	オッズ比	頑健な標準誤差	z 値
議会運営委員会	2.211***	0.587	2.99	1.548	0.464	1.46
特別委員会	1.502	0.398	1.53	1.089	0.310	0.30
調査会・検討会	1.435	0.402	1.29	0.585	0.256	−1.22
常設の議会改革推進組織	2.724**	1.097	2.49	0.331*	0.194	−1.89
議会改革は終了した	2.536***	0.836	2.82	1.924	0.774	1.63
保守系首長	0.837	0.096	−1.56	0.772*	0.117	−1.70
革新系首長	1.148	0.298	0.53	1.496	0.479	1.26
革新系議席割合	1.016	0.021	0.73	1.035	0.022	1.63
対数議会費	1.681**	0.361	2.42	2.838***	0.822	3.60
第一次産業従業者割合	0.991	0.024	−0.35	1.023	0.021	1.08
第二次産業従業者割合	0.962**	0.017	−2.22	0.968*	0.019	−1.66
持ち家比率	0.984	0.012	−1.37	1.039***	0.014	2.91
政令指定都市	0.613	0.399	−0.75	1.431	0.856	0.60
老年人口割合	0.992	0.029	−0.28	0.964	0.031	−1.12
課税対象所得	1.000	0.0002	−0.10	1.000	0.0004	−0.66
人口密度	1.000**	0.0000	−2.51	1.000	0.0001	−0.50
constant	0.004	0.014	−1.43	0.000***	0.0000	−3.03
Wald χ^2 検定量（16）	75.53***			53.29***		
擬似対数尤度	−450.824			−353.789		
Pseudo R^2	0.0548			0.0756		
n	770			771		

（注）　***: p<.01, **: p<.05, *: p<.10 を示す。都道府県でクラスターした頑健な標準誤差を用いている。

こととする。まず、議会改革の検証として、実際に議会内で請願・陳情があった場合については、仮説と整合的な結果が得られている。具体的には「議会運営委員会」、「常設の議会改革推進組織」、「議会改革は終了した」が該当する場合に、有意に 1 以上のオッズ比が得られていることから、「議会運営委員会」の案件として扱っている場合、及び「常設の議会改革推進組織」を設置している場合に、実際に住民が議会内で請願・陳情を行っている。また、議会改革を終えた議会についても、1 以上のオッズ比が得られていることから、議会改革は住民の議会への請願・陳情に関して参加を促したという点において、成功したといえる。他方で、公聴会あるいは参考人招致を

行ったかどうかについては、議会改革に関する変数はいずれも1以上でかつ有意な結果が得られておらず、成果を挙げていない。加えて、「常設の議会改革推進組織」を設置した自治体では、1を下回るオッズ比が得られている。これは議会改革の成果によって公聴会あるいは参考人招致を減らしたというより、公聴会あるいは参考人招致の少ない自治体においては、「常設の議会改革推進組織」を設置して、改革に取り組んでいるということが考えられる。

党派性モデルに関して、実際に議会内で請願・陳情があったかについては、革新系首長及び革新系議席割合のいずれも有意となっていない。同様に公聴会あるいは参考人招致を行ったかについて革新系首長及び革新系議席割合のいずれも有意となっていない。また、保守系首長に関しては1を下回るオッズ比が得られており、保守系の首長であれば、公聴会あるいは参考人招致が減るといえる。これは、保守系と革新系というイデオロギーの違いが、住民の公聴会・参考人招致に対する態度に表れているものと考えられる。

社会関係資本に関して、実際に議会内で請願・陳情があったかについては、仮説と逆に1を下回るオッズ比が得られている。他方で、公聴会あるいは参考人招致を行ったかについては、仮説と整合的であり、1以上のオッズ比となっている。社会関係資本が高まれば、住民が参加する公聴会あるいは参考人招致が増加する。請願・陳情に関して1を下回るオッズ比が得られたのは、代理変数として持ち家比率を設定した社会関係資本の捉え方に問題が含まれていると考えられる。持ち家比率は、保守系議席率と相関関係にあることから、保守的なイデオロギーを一部において反映しているためであると考えられる。

表2-3は議会と住民の対話の場の回数を従属変数とした負の二項回帰モデルによる推定結果を示している。議会改革の検証に関しては、いずれの組織形態であってもプラスで有意な係数が得られている。加えて2013年までに「議会改革を終了した」議会においても、プラスで有意な係数が得られており、議会改革の成果として、議会主導の住民との対話の場が増えたといえる。議会改革の組織形態に着目すると、「常設の議会改革推進組織」を設置して行っている場合の係数は1.44であるのに対して、「調査会・検討会」で検討

表 2-3.　議会と住民の対話の場の回数を従属変数とした負の二項
　　　　回帰モデルによる推定結果

	β	頑健な標準誤差	z 値
議会運営委員会	0.854 ***	0.223	3.84
特別委員会	0.921 ***	0.216	4.27
調査会・検討会	0.543 **	0.254	2.14
常設の議会改革推進組織	1.436 ***	0.297	4.84
議会改革は終了した	1.003 ***	0.282	3.55
保守系首長	−0.348 ***	0.102	−3.42
革新系首長	0.109	0.213	0.51
革新系議席割合	0.021 *	0.012	1.79
対数議会費	0.267 *	0.159	1.68
第一次産業従業者割合	−0.019	0.017	−1.12
第二次産業従業者割合	0.041 ***	0.011	3.58
持ち家比率	−0.006	0.007	−0.94
政令指定都市	−0.507	0.562	−0.9
老年人口割合	0.075 ***	0.018	4.25
課税対象所得	0.0005	0.0003	1.63
人口密度	−0.0002 ***	0.0000	−4.61
constant	−6.462 ***	2.276	−2.84
alpha	2.639	0.194	
Wald χ^2 検定量 (16)	146.87		
擬似対数尤度	−1491.045		
Pseudo R^2	0.0354		
n	768		

（注）　***: p<.01, **: p<.05, *: p<.10 を示す。ポアソン回帰モデ
　　　ルと負の二項回帰モデルのどちらを用いるかについては、
　　　$a=0$ を帰無仮説とする尤度比検定の結果を踏まえ、負の
　　　二項回帰モデルを用いることとした（$\chi^2(01)=2594.1$
　　　(p<.01)）。なお、NB1 モデルの対数尤度−1493.36,
　　　AIC3022.72, BIC3106.31 に対して、NB2 モデルの対数尤度−
　　　1491.05, AIC3018.09, BIC3101.38 であったことから、NB2 モデ
　　　ルの推定結果を示している。

している場合は 0.54 と係数の値に開きが見受けられる。これは、議会改革
の進め方の違いによって、成果の表れ方が異なっている可能性を示唆してい
る。

　党派性モデル及び社会関係資本の検証に関しては、いずれも有意な結果は
得られていない。これは議会側が主導して行うためであり、党派によるイデ
オロギーや文化による社会関係資本とは結びつきが弱いためであると考えら

れる。

6 議会と住民の関わり合い

　本章では、地方議会改革の進展を概観した上で、自治体のクロスセクションデータを用いて、議会改革の検証を行った。加えて、党派性モデル及び社会関係資本をコントロールした上で、動的相互依存モデル及び議会改革の検証を行った。その結果、5.1において、前年の都道府県内の規定割合が、請願・陳情の規定の導入に、切片として有意に関係があることを示した。さらに、都道府県内の規定割合を視覚的に確認したところ、都道府県内の規定割合の高さが、翌年の規定の導入に繋がっていることが確認されたため、動的相互依存モデルは、請願・陳情の住民参加への規定導入においても、当てはまっていると結論づけた。

　また、5.2において、実際の住民参加に関する議会改革の成果を検証した結果、「議会運営委員会」の案件、「常設の議会改革推進組織」の設置、2013年までに「議会改革は終了した」議会では、実際に請願・陳情が議会内で実施されていること、議会主導の対話会がいずれの組織形態でも増加していることが明らかとなった。そのため、「議会改革は終了した」場合、公聴会や参考人招致には効果があるとはいえないものの、住民からの陳情や議員と住民がコミュニケーションを取り合う対話会が増加している点で議会改革の成果があったといえる。したがって、地方議会改革は、一部の点を除き、議会への住民の参加を促しているという点で効果があったといえる。また、議会改革の組織形態の違いによって、異なる効果が見られたことから、組織形態の違いによって、成果の表れ方に違いが出ることが示唆された。

　党派性モデルでは、共産党及び社民党という革新系議席割合が、請願・陳情の規定の導入にプラスの影響があることが明らかとなった。地方議会において、左右のイデオロギー軸による党派性の違いは現在においても、一定の影響力を持っている。特に国政においては、長期にわたって自民党が政権を担当してきたことが、地方政治においても大きな影響を与えていると考えら

れており、このことは、公聴会・参考人招致に対する議会運営の態度に表れ
ていると考えられる。つまり、保守系の政党・政治家は、多数決による議会
運営を重視しているため、公聴会や参考人招致を重視しているとはいえない。
他方で、革新系の政党・政治家は、参加によって議会における多様な民意を
表明していることから、公聴会・参考人招致を重視していると考えられる。

　そして、5.2において、社会関係資本が公聴会・参考人招致にプラスの影
響を与えることを示した。ただし、実際の議会内での住民の請願・陳情に関
しては、マイナスの影響を与える結果が得られている。これは、代理変数と
して用いた持ち家比率が保守系議席割合と相関していることと関係している
と考えられ、社会関係資本を示す別の代理変数が求められる。

　最後に、本章における分析上の課題及び今後の課題を3点ずつ示し、締め
括ることとする。分析上の課題として、第1に、議会の首長及び政党の議席
割合に関するデータに関して、『全国首長名簿』では、町村議会のデータが
圧倒的に少ないため、サンプルセレクションバイアスの可能性があることで
ある。また、インターネット等より、町村議会に関するデータを収集したと
しても、『全国首長名簿』との整合性を保つことが難しいという問題も存在
しており、町村規模のデータを別に収集し、分析するといった工夫が求めら
れる。第2に、政策波及に関する分析方法の妥当性について、改善の余地が
あるといえる。本章では、イベント・ヒストリー分析を実施できていない。
データの制約があり、今後、規定を導入する自治体が増加すれば、イベン
ト・ヒストリー分析によって、議会改革に関する分析を行うことも可能であ
るといえる。第3に、持ち家比率を社会関係資本の代理変数として用いたこ
とに限界があったといえる。本来ならば、複数の変数を合成するなどして作
成すべきである。ただし、市町村データでは投票率や、ボランティア活動割
合、スポーツの参加といった項目を集めることが難しいことに課題がある。

　地方議会に関する研究を行っていく上での今後の課題として、第1に、議
会基本条例に関する分析の欠如がある。議会改革を行った場合、議会基本条
例を作る自治体が多いことは否定できない。議会改革の手法を検証する場合
に、本章では議会改革の組織形態と住民参加の関係を明らかにしたが、因果

メカニズムを考慮すると、議会改革を行った後、議会基本条例の制定、その後、運用という流れが一般的に想定される。議会改革の結果、どれほど議会基本条例が制定されたのかを分析することも求められる。第2に、実際の請願・陳情の内容といったものを定性的に確認しなければ、議会への住民参加が重要であり、意義のあるものであるか分からないという問題がある[11]。当然の権利として、請願・陳情が認められているとしても、議会内で住民が発言することに意義のある内容となっているのかを確かめる必要があるといえるだろう。第3に、議会への住民参加は傍聴者数や議会ホームページへのアクセス数、インターネット中継の視聴者数などにより測定することも求められる。

　地方議会改革は、手段であって目的ではないことを意識して、改革を進めていかなければならない。何のために議会改革が求められているのか、地方議会が代表機関として住民と協力しながら、よりよい地方自治を形にしていくことが今後求められるといえるだろう。

11　高橋（2019）において、姫路市議会における請願の扱われ方が示されている。

第3章

議会の透明性

1　議会の透明性

　本章では、地方議会における透明化に着目し、議会改革の成果を検証することが目的である。地方議会は、住民生活に直接関わることを審議していることから、本来、住民に開かれた議会であることが求められている。それは、開かれた議会が住民参加の前提条件として存在しているためである。地方議会に住民が参加し、政策の決定過程に関わることが今日の議会を運営していく上で必要である。その際、地方議会の透明化や情報の積極的な公開が重要となる。議会の透明化、積極的な情報公開なくして住民の議会参加はそもそも困難であるといえることから、いくつかの地方議会では審議内容や議案情報などを分かりやすく住民へ説明し、公開している。

　しかし、議会改革を行い、議会の透明化には賛成できるが、細かな審議内容まで公開することに抵抗する議員の存在によって思うほど公開が進んでいないことや、地方議会のスタッフや議会費の規模に応じて透明化の度合いも変わってくることも十分に考えられ、自治体によってその透明化、公開の程度も異なっているのではないだろうか。仮に、議会の透明化を妨げる要因があれば、それはどのようなものかを分析することは、今後の地方議会改革のあり方を考察していく上でも重要なことである。

　そこで、本章では、地方議会の透明化がどれほど進んでいるのか、また地方議会の透明化を促進している要因や、阻害している要因について明らかにすることで、今日の地方議会改革の成果について検証する。

　本章の構成は以下の通りである。まず、2. において今日の地方議会における透明化に関する先行研究をレビューする。3. では、地方議会における

透明化の現状を自治体議会改革フォーラムのアンケート調査及び朝日新聞の調査から現状を確認する。4. において、データと仮説を明示し、5. において分析と解釈を行い、6. において締め括る。

2 議会の公開

2. 1 地方議会の公開に関する規定

　地方議会では、本会議について基本的に公開することが原則である。議会の公開という場合は、傍聴の許可と議事録の一般的公表を指している（大山 2007）。したがって、議会は外部に対して情報を公開していくことが重要となる。

　他方で、非公開という場合は、公衆の傍聴禁止と会議録の一般頒布禁止を指すことになる（大山 2007）。西鳥羽（2002）及び野村（2000a）によると、委員会の会議録は、委員長の権限において行われると指摘されており、大体が要点筆記であり、必ずしも全文が記録されている訳ではない。したがって、場合によっては、全ての情報が議会から外部に対して提供される訳ではないのである。

　会議録に関する自治法の規定を確認すると、第 115 条では「普通地方公共団体の議会の会議は、これを公開する。但し、議長又は議員 3 人以上の発議により、出席議員の 3 分の 2 以上の多数で議決したときは、秘密会を開くことができる」と規定されている。ここでいう「議会の会議」とは、いわゆる本会議のことを指しており、委員会までは含まれていない。この規定から本会議については原則、公開しなければならないことになる。さらに、この自治法上の規定は、傍聴の自由、報道の自由、会議録の公開を、議会が実施していかなければならないことを意味している（猪野 2015）。

　一方、委員会の公開については、第 115 条の議会公開の原則は適用されない。第 115 条で本会議と委員会を区別し、委員会まで公開の原則が及ばない理由として、①委員会は予備審査的機関に過ぎないこと、②委員会には自由な質疑、意見陳述が必要なこと、③委員会に関して必要な事項は条例で定め

ることになっていること、④必置機関である国会の委員会ですら非公開が原則であることが挙げられている（小倉 2008）。

　他方、委員会まで議会公開の原則が及ぶと主張する立場もあり、その理由として、①実質的審議が本会議から委員会に移っていること、②委員会を条例に委ねることは地方議会に自由裁量を与えているのではなく、憲法等による制約が当然予定されていること、③国会の運営方法を無批判に受け入れることは誤りであることが挙げられている（小倉 2008）。したがって、自治法第 115 条は、委員会を含めた規定ではないが、委員会においても住民の自治意識の向上を目的として、できる限り公開していくように運営をすることが望ましいと考えられている（猪野 2015）。実際、各自治体は、議員、委員長などの許可を得た者が、委員会の傍聴を可能と規定する標準委員会条例に従って公開しているとされている（小倉 2008）。

2.2　地方議会改革による透明化の取り組み

　各自治体の地方議会は、原則、議会を公開し、透明化を図ろうとしている。特に、分権改革後の地方議会改革において、全国の地方議会でより熱心に透明化について取り組まれている。そうした取り組みを実施している代表的な自治体として、地方議会の先進自治体である栗山町議会が挙げられる。先行研究では、本田（2011）によって栗山町の広報活動の取り組みについて事例研究が行われている。栗山町の議会基本条例第 4 条では、議会における公開活動の取り組みに関する規定が定められている。そこでは議員と住民が公式の場で議論する一般会議、公聴会及び参考人招致の活用、議会報告会の開催などに関する事柄が記載されており、栗山町では、この規定に基づき外部に対する透明化を図ろうとしているのである。さらに、栗山町では、他にも議会の Web サイトや書籍等などの出版によって町民以外にも積極的に情報を発信しているのである。

　他にも、本田（2010）では、93 議会の議会基本条例を分析対象とし、条例の前文や目的において議会の広報活動の重要性を謳っている議会ほど、広報活動の手段が充実していることを指摘している。

このように、栗山町をはじめとして各地の地方議会で議会の透明化を図ろうとする取り組みが実施されているのである。これまで地方議会の透明化を図ろうとする取り組みの目的は、住民が政治行政の説明責任を追及できる基盤を整備することであると指摘されてきた（辻中 1999）。したがって、今日における地方議会改革でも、その目的を達成するために実施されているのである。しかし、現状としては必ずしも十分な情報の公開が実施されていないという指摘も存在する。

　大山（2007）は、都道府県議会の中継・録画に関して、本会議のみのところが多く、委員会では予算・決算関係程度のところが多いと指摘している。また、本田（2013）は、2013 年 4 月時点の全国 812 の市町村と特別区における地方議会会議録の電子化状況を確認している。そこでは、本会議は何らかの形で会議録の電子化が進んでいる（98.1 ％）のに対して、委員会については 39.9 ％しか電子化されていないことを明らかにしている。また、IT ベンダーによる製品の利用が電子化の成否を決めてしまっていることを指摘しており、利用者の利便性が軽視されていることが述べられている。

　透明化は、いくつかの先進的な地方議会で積極的に取り組まれている一方で、あまり透明化が進んでいない地方議会も多くあるといえる。特に、先行研究によれば、委員会の情報の公開が進んでいないことが指摘されている。こうした先行研究を見れば、地方議会における透明化は、思うように進んでいないといえる。では、果たして全国の地方議会では、どの程度、議会の透明化が進んでいるのか。この点について自治体議会改革フォーラムの『議会改革白書 2014 年版』や朝日新聞の「全国自治体議会アンケート」にて、より詳しいアンケート調査が実施されている。次に、こうした調査から、地方議会における透明化の実態について見ていくことにする。

3　透明化に関する現状

3.1　自治体議会改革フォーラムによるアンケート調査

　それでは、地方議会における透明化はどの程度、進んでいるのか。まず自

治体議会改革フォーラムが実施したアンケート調査を概観する（廣瀬・自治体議会改革フォーラム 2014）。

　まず、会議の公開状況について調査が行われているため、全体を確認する。条例（委員会条例、自治基本条例、議会基本条例など）で全ての会議（代表者会議、全員協議会を含む）を原則公開と定めている議会は 14.2 %（224 議会）あった。これは 2010 年調査の 2.4 % から増加しているといえる。

　次に、議案、会議資料の事前公開については、議案本文を上程前に議会ホームページ上で公開している議会は 5.7 %（2010 年の調査時 2.0 %）、委員会等の審議前にホームページ上で公開している議会は 10.4 %（2010 年の調査時 3.9 %）、議案書以外に審議に用いられる会議資料を審議前に議会ホームページ上で公開している議会は 3.0 %（2010 年の調査時 0.8 %）であり、それぞれ微増している。一方、審査後に議会審議用に議員に配布された会議資料については、来庁等による印刷物での閲覧の他、ホームページ上でも会議資料を公開している議会は 4.0 % であり、2013 年の調査結果とそれほど変化していないのが現状である。

　常任委員会の議事録の記録内容と公開状況については、常任委員会審議の全文を記録し、かつホームページ上で公開を行っている議会は 19.8 % であり、2013 年の調査結果（18.6 %）と比べて微増している。ただし、その中で町村議会での実施率は 3.9 % に留まり、水準としてはそれほど変化していない。インターネット配信については、本会議の動議記録のオンデマンド配信は 40.2 % で実施されており、2007 年の調査結果の 11.8 % と比べれば大きく増加している。しかし、市議会の実施率が 59.7 % であるのに対して、町村議会では 13.6 % に留まっている。

　最後に議案に対する賛否の公開として、議員個人または会派単位で公開を実施している議会は 53.1 % であり、調査開始以来、初めて過半数を超える結果となっている。公開方式については、全ての議案について、各議員個別の賛否を公開しているのは 41.3 % であり、2008 年の調査結果の 3.8 % と比べて大きく増加している。特に、市議会では、52.7 % と過半数を超えている。一方、会派単位で全ての議案について公開した議会は 7.3 % であり、2008 年

の調査結果の 6.6 ％と比べて大きな変化は見られないのである。

　このアンケート調査から、地方議会における情報公開は徐々に進みつつあるといえる。しかし、いくつかの調査項目の数値結果だけを見れば、決して高い数値であるとはいえず、まだ議会での情報の公開、透明化という点では不十分な地方議会も多くあるともいえる。

　これらの議会の透明化が何を意味するのか、少し検討を加えておく。会議の公開、傍聴者への資料の提供及び会議資料の公開は、開かれた地方議会を意味する。加えて、地方議会が住民の傍聴を歓迎しているかどうかを測る指標となる。地方議会が閉鎖的であり、住民の傍聴が少なくてもよいと考えているならば、情報公開を最小限に抑えようとする。一方で、地方議会に対する信頼を向上させようと、住民を重視している場合は、多くの情報を積極的に公開しようと考える。特に会議資料のように、特段公開をすることが義務づけられている訳ではなく、議会に委ねられているものについては、地方議会間の違いが表れているといえる。

　委員会記録の内容の公開及び議案に対する賛否の公開については、傍聴や資料の公開よりも、監視の意味合いが強まる。それは傍聴や資料の公開については、住民と議会の直接的な関係が重要となる一方で、委員会記録の内容の公開及び議案に対する賛否の公開については、首長の提出した議案等に対して、どのような審議を行い、各議員や会派が賛成したか、反対したかが記録として、明確に残るためである。そこには、住民と議会という関係よりも、住民と首長、住民と各議員、住民と会派の関係が重要となり、住民は各議員や各会派が適切に仕事を行い、機能しているかについて議事録を用いて精査を行うことに繋がる。この意味において、委員会記録の内容の公開及び議案に対する賛否の公開は、議会、議員及び会派への監視という点からより重要であるといえる。

3．2　朝日新聞によるアンケート調査

　朝日新聞では、「全国自治体議会アンケート」を 2015 年 1 月に都道府県と市区町村の全 1788 議会を対象に実施しており、1787 議会から回答を得てい

る。その調査結果を踏まえて、朝日新聞全国紙及び地方紙において、取りまとめがなされているため、地方議会の実態を概観する。議案に対する個々の議員の賛否を公開しているのは 52 ％であり、4 年前の調査と比べて、都道府県・政令指定都市で 11 ％から 39 ％、市区で 17 ％から 65 ％、町村で 14 ％から 43 ％に増加している（朝日新聞 2015 年 2 月 26 日）。この点は、先ほどの自治体議会改革フォーラムのアンケート調査と同様の結果であり、個々の議会の賛否について公開する議会が増えていることが分かる。

　ただし、その中で議案に対する賛否を公開していない地方議会の理由として「賛否が割れたことがない（青森県板柳町）」、「起立採決を実施しており、個人の賛否を確認していない（愛知県岡崎市）」という答えが多いようである。他に、「議員別の賛否を記録していない（栃木県佐野市）」、「個人の賛否を公開するかについて議論されていない（栃木県上三川町）」ことも挙げられている（朝日新聞栃木全県 2015 年 4 月 18 日）。また、北海道で議員個人の賛否を公開しているのは 180 議会のうち 59 自治体に留まっている。公開していない理由として「会派制で運営している」、「必要かどうか議論になっていない」が多く挙げられる（朝日新聞北海道 2015 年 3 月 7 日）。さらに、徳島県では県内 25 議会のうち、7 議会しか議員個人の賛否を公開していない。公開していない理由として、「必要ないと判断し、14 年からやめた（松茂町）」、「昔から公開していない（上勝町）」が挙げられている（朝日新聞徳島全県 2015 年 2 月 28 日）。

　こうした地方議会がある一方で、東京都板橋区では「議会活動が区民に見えるようになれば、信頼向上に繋がる」として、議会基本条例で個人の態度の公開を盛り込んでいる（朝日新聞東京都 2015 年 4 月 3 日）。

　このように朝日新聞のアンケート調査を見ても、議員個人の賛否公開を実施する地方議会が増えてきている。ただし、各地方議会によって情報公開の考え方も異なり、議員個人の賛否に積極的ではないところも存在する。また、先行研究レビューより、地方議会改革を検証する研究が見受けられず、透明化を促進する要因に着目した研究についても見受けられない。加えて、地方議会に関する研究は、都道府県レベルでの定量研究が中心であり、市町村レベルでは長野（2012）を除いて、定性研究が中心となっている。したがって、

地方議会の透明化を促進する要因を明らかにしていくことが必要であるといえる。

4 仮説と分析モデル

4.1 仮説の提示

先行研究を踏まえて、議会改革を検証するため、仮説1を設定する。また、党派性モデルを検証するために仮説2を設定する。そして、ホームページを開設するためには多額の費用が必要となることから、社会的要因としてのコストを想定し、仮説3を設定する。

仮説1：議会改革は、地方議会の透明性を高める。

仮説2：革新系首長及び革新系議員は、地方議会の透明性を高める。

仮説3：議会費が高ければ、地方議会の透明性は高まる。

本章で検証する仮説は3つであり、議会の透明性を高める要因として、議会改革及び革新系首長・議員の存在、議会費が影響を与えていることを検証するものである。

議会改革の組織形態は、4つ存在している。1つ目は、「議会運営委員会」の案件として検討しているものであり、議会の中でも議事運営を担う「議会運営委員会」が主導するものである。2つ目は、「特別委員会」を設置して検討するものであり、特定の課題に対して常任委員会とは別に委員会を設置して検討するものである。3つ目は、議員のみで構成する「調査会・検討会」で検討するものであり、議会の中でも委員会以外によって進める組織形態である。4つ目は、上述のもの以外の「常設の議会改革推進組織」を設置するものであり、議会が開かれる時期以外にも活動できる組織形態となっている。この他、既に議会改革の取り組みは終了したので、組織は解散しているという選択肢がある。この選択肢によって、既に議会改革が終了した自治体の成果、どの程度、議会の透明化が進んでいるのかを検証することができる。加えて、地方議会改革を現状として行っている組織形態の違いを考慮して、議会の透明化がどの程度進んでいるのかについて検証することが可能で

ある。仮説 1 では、「議会改革は終了した」議会においては、透明化が促進されていると予想する。

　仮設 2 に関しては、加藤（2003）や砂原（2006）、曽我・待鳥（2007）、近藤（2013）では、党派性によって支出構成が変化することが実証的に示されていることを踏まえて、仮説を設定している。左右軸による政策選好の違いは Laver and Hunt（1992）及び Laver and Shepsle（1996）によって示されてきたものである。特に保守系が与党となってきたことを考慮して、議会の透明化を促進する勢力として、対抗勢力である革新系が考えられる。また、この点については、情報公開に関する条例の策定についての先行研究からも推測することができる。情報公開の制定過程に関する先行研究では、革新系首長が情報公開条例を選好する傾向にあることが指摘されている（伊藤 2002）。革新系首長は、住民参加を推進しており、その関係で情報公開を歓迎しているということである。

　最後に、仮説 3 の議会費に関しては、地方議会における議会費の予算額の違いによっても、議会の透明化の程度が異なることが考えられる。地方議会が情報公開をする際、ホームページの作成、管理などが必要であり、ある程度の予算が必要になる。そこで、本章では、そうした議会費に着目し、地方議会における透明化について検証することにする。

4.2　分析モデル

　本章における従属変数は、会議が条例で原則公開、傍聴者への資料の提供、会議資料の審議後の公開、常任委員会の記録がホームページから閲覧可能、議案に対する賛否の公開の 5 つである。

　『議会改革白書 2014 年版』では、自治体へのアンケートに関して、従属変数について複数の選択肢を用意しているが、本章では分かりやすくするために、複数の選択肢を統合している。(1)会議が条例で原則公開に関しては、許可制、原則公開（常任委員会のみ、常任委員会及び特別委員会、常任委員会・特別委員会・議会運営委員会、全ての会議）、条例の定めがないという 6 つの選択肢から、原則公開であるか否かに分類している。

(2)傍聴者への資料の提供についても同様に、一部提供と、議員と同じもの
を提供、提供していないという3つの選択肢から、提供しているか否かに分
類している。(3)会議資料の審議後の公開については、印刷物でのみ提供、
ホームページから閲覧できる、公開していないという3つの選択肢から、提
供されているか否かによって分類している。(4)常任委員会の記録がホーム
ページから閲覧可能については、概要記録、要点記録、全文記録及びホーム
ページから閲覧可能かどうかという分類で8つの選択肢が設けられているが、
情報公開という観点から、ホームページで閲覧可能かどうかによって分類し
ている。(5)議案に対する賛否の公開については、公開の範囲が重要議案や会
派単位によって区別されているが、公開されているかどうかによって分類し
ている。

　このように、複数の選択肢を統合した理由は、議会改革の成果として、透
明化が進むかを検証するためであり、公開の態様まで明らかにする訳ではな
いためである。選択肢を統合することによって、分析を行う際のモデルが変
わり得る。複数の選択肢を従属変数とする場合、多項ロジットモデルによる
推定を行うのが一般的であるが、統合し2つの選択肢を従属変数とすれば、
二項ロジスティック回帰モデルによる推定が可能である。この方法により、
オッズ比が明らかになるため、独立変数が1単位変化した場合の、従属変数
の変化が何倍であるのかが測定可能となる。そのため、議会改革の組織形態
や、その他の要因によって、どれほど議会の透明化が進むのかが把握しやす
くなるという利点がある。

　会議が条例で原則公開の平均値が0.461であることから、46.1％が公開し
ており、53.9％が許可制や公開していないことが分かる。傍聴者への資料の
提供については68.0％が公開、会議資料の審議後の公開については61.8％
が公開、常任委員会の記録がホームページから閲覧可能については38.1％
が公開、議案に対する賛否の公開については65.9％が公開となっている。
特に常任委員会の記録がホームページから閲覧可能については、基礎自治体
レベルでは十分に進んでいないことが分かる。その他についても60％程度
は公開が進んでいるものの、ほとんどの自治体が公開するという状況には

至っていない。なぜ、地方議会の公開は十分に進んでいないのであろうか。議会改革の検証に加えて、党派性モデルにより検証を行う。

　本章におけるモデルを特定する。従属変数は議会の透明化に関する 5 つの指標である。第 1 に、本会議が条例によって原則公開とされているか否かであり、公開されている場合を 1、公開されていない場合を 0 としている。第 2 に、傍聴者への資料の提供がなされているか否かであり、資料の提供がなされている場合を 1、なされていない場合を 0 としている。第 3 に、審議後における会議資料はホームページで閲覧可能か否かであり、閲覧可能な場合を 1、不可能な場合を 0 としている。第 4 に常任委員会の記録がホームページから閲覧可能か否かであり、可能な場合を 1、不可能な場合を 0 としている。第 5 に、議案に対する賛否について公開しているか否かであり、公開している場合を 1、非公開の場合を 0 としている。

　独立変数は、議会改革を検証する変数、党派性を検証する変数、議会費、コントロール変数である。議会改革は、2006 年の栗山町の改革から始まったものであるが、全ての自治体において議会改革が終わったといえる状況にはなっていない。むしろ、多くの地方議会においては、改革の最中であり、今後も議会改革は見直しがなされながら、継続するものと考えられる。そのため、どのような組織形態で議会改革を進めることが望ましいかについても併せて検証する。

　党派性に関して、仮説 2 を検証するために、革新系首長及び革新系議席割合を含めている。ここでの革新系議席割合は、共産党及び社民党によって構成されている。市町村長の党派性については推薦及び支持を含めている。支持の場合であっても、少なからず、市町村長は政党の影響を受け、その政党に配慮した運営を行うためである。保守系首長には自民党及び公明党の推薦及び支持を含めている。

　仮説 3 は、議会費による違いを検証するものであり、単位が大きいため、対数化している。コントロール変数として、第一次産業従業者割合、及び第二次産業従業者割合を含めている。これは、地域による社会構造の違いをコントロールするためである。また、持ち家比率を含めているのは、社会関係

資本を考慮するためである。社会関係資本は、Putnam（1993）によって指摘された概念であり、日本では坂本（2010）によって指摘されている。社会関係資本を代理する変数としてボランティア数や団体加入数が考えられるが、市町村レベルのデータが存在しないため、布施（2008）にならい、持ち家比率で代用している。持ち家比率が高ければ、自治会への加入が高まり、社会関係資本を構成すると考える。その他、人口動態を考慮し老年人口割合を、都市化を考慮し人口密度を、経済要因を考慮し課税対象所得をコントロール変数として含めている。

5 分析結果と解釈

　表3-1は会議の公開条例、傍聴者への資料の提供、及び会議資料の公開を従属変数とした二項ロジスティック回帰モデルによる推定結果を示している。分析の結果、「会議の公開条例」については、「議会改革は終了した」及び革新系議席割合のオッズ比が1以上で有意な結果が得られている。このことから、仮説1及び仮説2は支持されたといえる。「議会改革は終了した」場合、会議を公開する条例が制定される確立が2.16倍高まるといえる。また、革新系議席割合は、会議の公開条例を1.05倍に高めるといえる。このことから、「議会改革は終了した」及び革新系議員の効果が、地方議会の透明化に影響を与えているといえる。

　他の変数に関して、統計学的に有意であり、1以上のオッズ比が得られているものは「議会運営委員会」、「常設の議会改革推進組織」、対数議会費、老年人口割合である。議会費が十分にある方が、会議を公開する環境整備に役立てられると考えられる。そのため、仮説3は支持されたといえる。財政難により、議会費が十分に計上されていない地方議会は、資金面から公開することに躊躇することが示唆される。

　課税対象所得については、有意な結果が得られているものの、オッズ比の値が非常に小さいため、影響はそれほどないと考えられる。他方で、政令指定都市に関しては、0.246という1を下回るオッズ比が得られている。これ

表 3-1.　会議の公開条例、傍聴者への資料の提供、及び会議資料の公開を従属変数とした
二項ロジスティック回帰モデルによる推定結果

	会議の公開条例			傍聴者への資料の提供			会議資料の公開		
	オッズ比	頑健な 標準誤差	z 値	オッズ比	頑健な 標準誤差	z 値	オッズ比	頑健な 標準誤差	z 値
議会運営委員会	1.855*	0.603	1.9	1.866**	0.477	2.44	1.717***	0.339	2.74
特別委員会	1.045	0.320	0.14	1.242	0.371	0.73	1.252	0.300	0.94
調査会・検討会	1.331	0.413	0.92	1.940**	0.576	2.23	1.442	0.428	1.23
常設の議会改革推進組織	3.271***	1.193	3.25	1.912*	0.667	1.86	1.098	0.387	0.27
議会改革は終了した	2.158**	0.776	2.14	1.535	0.515	1.28	1.578	0.593	1.22
保守系首長	0.813	0.179	− 0.94	0.900	0.191	− 0.5	1.081	0.185	0.46
革新系首長	0.831	0.314	− 0.49	1.079	0.339	0.24	1.008	0.364	0.02
革新系議席割合	1.049***	0.017	2.92	1.019	0.021	0.96	1.031*	0.018	1.74
対数議会費	2.062***	0.438	3.41	1.576	0.455	1.57	1.720**	0.396	2.36
第一次産業従業者割合	1.001	0.021	0.03	0.959*	0.023	− 1.72	0.987	0.017	− 0.75
第二次産業従業者割合	1.022	0.018	1.2	1.006	0.018	0.31	0.997	0.014	− 0.18
持ち家比率	0.986	0.011	− 1.29	1.004	0.012	0.31	0.995	0.009	− 0.52
政令指定都市	0.246**	0.136	− 2.53	2.169	2.333	0.72	1.144	1.048	0.15
老年人口割合	1.054***	0.017	3.29	0.976	0.034	− 0.7	1.031	0.021	1.49
課税対象所得	1.001***	0.000	3.31	1.001	0.001	1.33	1.001***	0.000	3.23
人口密度	1.000	0.000	− 1.4	1.000**	0.000	− 2.11	1.000	0.000	− 0.7
constant	0.000***	0.000	− 4.58	0.001	0.006	− 1.33	0.000***	0.000	− 3.12
Wald χ^2 検定量（16）	133.91***			108.17***			95.00**		
擬似対数尤度	− 491.9			− 439.91			− 468.98		
Pseudo R^2	0.0742			0.0761			0.085		
n	771			770			771		

（注）　***: p<.01, **: p<.05, *: p<.10 を示す。不均一分散に対応するため、頑健な標準誤差
を用いている。

は政令指定都市の方が、会議の公開条例を制定していないことを意味してい
る。20 の政令指定都市のうち、10 の政令指定都市は「委員会は、委員長又
は委員会の許可によって傍聴できる」というように許可制にしていることが
結果に反映していると考えられる。

　「傍聴者への資料の提供」に関する分析の結果、「議会改革は終了した」、
革新系首長、及び革新系議席割合はいずれも有意となっていない。このこと
から、「傍聴者への資料の提供」については、仮説は支持されないといえる。
ただし、議会改革の進め方によっては異なる結果が得られている。「調査
会・検討会」及び「常設の議会改革推進組織」は、1.94 及び 1.91 のオッズ

比が得られていることから、議会改革の進め方によっては、「傍聴者への資料の提供」が促進されるものといえる。

　会議資料の公開に関しては、「議会改革は終了した」及び革新系首長は有意になっていないものの、革新系議席割合は1.03のオッズ比で有意な結果が得られている。このことから、会議資料の公開については、仮説1は支持されない一方で、仮説2は支持されるといえる。また、対数議会費が1.72という1以上のオッズ比が得られていることから、議会費が十分にあれば会議資料の公開が促進される。この点は仮説3を支持する結果である。

　表3-2は委員会記録の内容の公開、及び議案に対する賛否の公開を従属変数とした二項ロジスティック回帰モデルによる推定結果を示している。委員会記録の内容の公開については、「議会改革は終了した」場合に、2.58のオッズ比が得られている。他方で、革新系首長及び革新系議席割合については、有意な結果が得られていない。そのため、委員会記録の内容の公開については、仮説1は支持されるものの、仮説2は支持されないといえる。また、「議会運営委員会」による議会改革は、1.94倍に委員会記録の内容の公開を促進するといえる。加えて、対数議会費については、3.61倍に公開を促進するという結果が得られている。この結果より、インターネットで公開を行う場合、各自治体にとって議会費の多寡が大きく影響しているといえる。この点については仮説3を支持する結果である。

　議案に対する賛否の公開については、「議会改革は終了した」、革新系首長、及び革新系議席割合がいずれも1以上で有意な結果が得られている。このことから、議会改革、革新系首長、及び革新系議席割合は、議案への賛否態度の公開を促進するといえる。そのため、仮説1及び仮説2は支持されるといえる。これは、多くの革新系議員は野党であり、対立する保守系与党に対して、反対の立場を示していることを住民にアピールする機会となるため、革新系議席割合が有意になっているものと考えられる。加えて議会改革の進め方の違いについても、いずれも1以上で有意なオッズ比が得られており、議案に対する賛否態度の公開を促進するといえる。一方で、対数議会費については有意な結果が得られておらず、仮説3は支持されていない。つまり、議会費

表 3-2. 委員会記録の内容の公開、及び議案に対する賛否の公開を従属変数とした二項ロ
ジスティック回帰モデルによる推定結果

	委員会記録の内容の公開			議案に対する賛否の公開		
	オッズ比	頑健な標準誤差	z 値	オッズ比	頑健な標準誤差	z 値
議会運営委員会	1.935***	0.482	2.65	2.653***	0.714	3.63
特別委員会	1.683	0.540	1.62	2.408***	0.640	3.3
調査・検討会	1.487	0.485	1.22	1.766**	0.502	2
常設の議会改革推進組織	1.710	0.934	0.98	3.133**	1.489	2.4
議会改革は終了した	2.579***	0.939	2.6	3.324***	1.428	2.8
保守系首長	0.883	0.179	−0.62	1.065	0.209	0.32
革新系首長	0.832	0.314	−0.49	1.773**	0.445	2.28
革新系議席割合	0.995	0.018	−0.26	1.043**	0.017	2.5
対数議会費	3.606***	0.844	5.48	0.933	0.207	−0.31
第一次産業従業者割合	1.006	0.031	0.18	1.030	0.022	1.41
第二次産業従業者割合	1.021	0.024	0.89	1.038**	0.016	2.36
持ち家比率	0.986	0.012	−1.14	1.008	0.012	0.65
政令指定都市	0.527	0.407	−0.83	2.031	1.566	0.92
老年人口割合	1.082***	0.029	2.97	0.994	0.028	−0.23
課税対象所得	1.003***	0.001	4.77	1.001**	0.000	2.08
人口密度	1.000***	0.000	2.82	1.000**	0.000	2.05
constant	0.000***	0.000	−6.71	0.028	0.096	−1.05
Wald χ^2 検定量 (16)	248.60***			81.94***		
擬似対数尤度	−343.27			−451.68		
Pseudo R^2	0.3333			0.0872		
n	771			771		

(注) ***: p<.01, **: p<.05, **: p<.10 を示す。不均一分散に対応するため、頑健な標準誤差
を用いている。

によって、議案に対する賛否態度の公開が促進される訳ではないといえる。

6　議会の透明化に向けて

　本章では、地方議会における改革の取り組みの結果、議会の透明化が進ん
だのかを検証してきた。地方議会改革の取り組み、革新系首長・革新系議席
割合、議会費の予算が、地方議会の透明化に一部影響を与えていることを確
認した。

　5. において検証した結果、地方議会改革の取り組みについては、会議の

公開条例、委員会記録の内容の公開、議案に対する賛否の公開において影響を与えている一方で、傍聴者への資料の提供、会議資料の公開については十分に促進させているとはいえない。ただし、地方議会改革の進め方によって、その結果が異なることが確認された。

　また、革新系首長については、議案に対する賛否の公開に影響を与えており、革新系議席割合については、会議の公開条例の制定、会議資料の公開、議案に対する賛否の公開に影響を与えていた。したがって、革新系首長・革新系議席割合が、地方議会への透明化を一部で促しているということを確認することができた。ただし、傍聴者への資料の提供、委員会記録の内容の公開については、革新系首長・革新系議席割合の影響がなかったといえる。

　議会費については、会議の公開条例、会議資料の公開、委員会記録の内容の公開に対して影響を与えており、議会費が多く計上されている地方議会ほど、公開が進んでいるといえる。今日、インターネットの普及によって、議会における議事録、資料が、住民などに公開されているが、そうした環境を十分に整えることが可能であるのは、議会費が多く計上されている地方議会であることが考えられる。そうした議会費の差も、地方議会の透明化に対して影響を与えていることが示されているといえる。これらの結果により、仮説1、2及び3は概ね支持されたといえる。

　最後に、本章の政策的含意及び課題をそれぞれ3点言及し、締め括ることとする。本章の政策的含意として、第1に議会改革を行うことは透明化に寄与することが明らかとなった。加えて、「議会運営委員会」による改革については、透明化の5つの指標全てに対して有意な結果が得られている。そのため、透明化を促進するためには、「議会運営委員会」による改革が好ましいと考えられる。既に「議会改革は終了した」とする地方議会については、傍聴者への資料の提供及び議会の資料公開について、改めて公開するかどうかの見直しが求められるといえる。第2に、党派性として考慮した革新系首長及び革新系議席割合が透明化に一定の効果があることから、有権者は党派性を考慮して投票することが望ましいといえる。特に、議会のチェック機能を考える上で、首長・議会がともにオール与党化しているといわれる現状に

変化を加えることが必要である。第3に、議会費が透明化に寄与することから、議会事務局の充実が求められるといえる。議会スタッフや予算を充実させることで、透明化の基盤が整うと考えられる。

　本章の課題として、第1に、議会改革の透明化を測定する明確な指標が明らかとなっていないことである。本章では、会議の条例での原則公開、傍聴者への資料の提供、会議資料の審議後の公開、常任委員会の記録のホームページでの公開、議案に対する賛否の公開を分析の対象としたが、他の指標が適切であることも考えられる。例えば、地方議会の透明化で説明責任を果たしているという場合は、単に公開するだけでなく、その公開した資料を説明する住民との場が設けられているかどうかが重要である。議員個人や会派によって、特定の議案に反対した理由を説明する対話会が開かれている場合もあり、そちらの方が議会の透明性を高めているといえる。第2に、議会改革の検証として、「議会改革は終了した」とする成果を検証したが、議会改革が継続されていくことを考えれば、議会改革の進め方の違いが重要となる可能性がある。それは決して議会改革が終わることなく、絶えず改革を進めるべきであるという考え方のもとになされる議論である。議会改革の進め方の違いによって成果の表れ方が異なることは、今後重要な示唆を与えると考えられる。第3に、議会費を仮説に含めたが、議会費には議員の報酬が含まれている点である。他の変数で地域差をコントロールしているとしても、純粋に議会事務局が活用できる予算の大きさを検証できていない点に留意しなければならないといえる。

　議会の透明化が求められるのは、住民が議会に参加する前提であることに加えて、外部の専門家や住民団体などがチェック機能を果たすことに意義があるといえる。また、議案に対する賛否の公開については、住民と各議員、住民と会派の関係を意味するものであり、記録に残すことで、より明確な議員の説明責任が求められることになる。議会の透明化に関して、これまで資料などが公開されてこなかったため、現状を維持してよいという考え方は今後、通用しなくなると考えられる。地方議会は、国会よりも身近な存在であるからこそ、自ら進んで改革をしていくことが求められるといえる。

第4章

議会の定数と報酬

1 定数と報酬の決め方

　本章は議会改革を実施することによって、定数と報酬が削減される効果を持つかを検証する。議会は当該地域の様々な利益を代表するため、独任制ではなく、合議制機関となっている。議会の代表性が確保されているかを検証する視点として、定数と報酬のあり方を検討する。議会のスリム化の観点からは、議員定数及び議員報酬の削減が重視される。しかし、何を基準として、定数及び報酬を定めているのかという、明確な基準が存在している訳ではない。多くは人口規模を基準とし、周辺の自治体や同規模の自治体を参考にして、定数及び報酬が定められる。これは経路依存性に由来し、かつては標準法定定数から議席を削減する条例を制定する必要があったためである。それが1999年の改正により、人口に応じて議員定数の上限を示すように変わり、2011年の改正により、人口段階別の上限数に係る制限は廃止されることになった。そのため、現行の自治法では、「市町村の議会の議員の定数は、条例で定める」（自治法第91条）と規定されており、各地方議会において議員定数に裁量があることとなっている。

　地方議会議員は仕事に見合っていない報酬を受け取っている、あるいは単に議員の数が多過ぎるという印象論によって議会が批判されることがあるが、議会のスリム化は代議制民主主義の点から、住民と議会の経路を狭める可能性がある。多様な民意を反映するためには、多くの議員がいる方が意見を汲み取ってもらいやすいといえる。こうした住民の議員報酬が高過ぎるという批判に対して、野村（2000b）は、自分が議員をやるとした場合、現在の報酬で活動できるかどうかを自問自答して欲しいとしており、批判ばかりが先行

85

していることを指摘している。こうした指摘を踏まえると、単に住民の感情論や行政改革の効率性の論理ばかりを強調し、議会をスリム化させることには問題があるといえる。議員が十分に政治活動を行えるだけの報酬も必要であることになる。

そこで、本章の目的は、いかなる要因によって、定数及び報酬が決定されるのかを明らかにすると同時に、議会改革によって定数及び報酬が削減されるのかを検証することにある。すなわち、地方議会改革の取り組みでは、議員の定数や報酬という事柄において、改革の成果が表れているのかを、実証的に分析する。本章の構成を示す。2. では議員定数及び議員報酬に関する現状及び先行研究を整理し、市町村レベルでの定量データ分析が長野 (2012) を除いて不十分であることを確認する。3. において、本章で用いる仮説と分析モデルを提示する。4. では、定数及び報酬の規定要因と削減要因についての分析結果と解釈を示す。5. において政策的含意と課題について言及し、締め括る。

2　議会改革及び議員定数・報酬の現状

2.1　議会改革の現状

本節では、議員定数及び報酬に関する先行研究及び現状を明らかにする。議会改革は事なかれ主義に染まってきた慣行を否定する作業であり、二元代表制に実質的な意味を持たせる作業である (日経グローカル 2011)。いかなる目的で議会改革を行うのかについて、江藤 (2011) は、効率性を図る行政改革と対比して、議会改革は地域民主主義の実現であるとしている。地域民主主義の実現とは、住民自治の根幹として住民との意見交換を踏まえて、議員同士で討議することによって、政策提言をするとともに、決定を行い、その実施を監視、評価することを目的とするものである。

その中で、議会改革は、議員定数や報酬の問題、選挙年齢の引き下げといった量的な改革に加えて、①立法政策能力の向上、②議会の自立性の確立、③議会スタッフの充実、④監視統制機能の強化、⑤開かれた議会作りという

議会活動の質を高める改革があると指摘されている（佐々木 2009）。量的な定数削減・報酬削減が議会改革の1つとして掲げられるのは、人口規模に対して議員が多いという批判に加えて、議員の資質が問題視されているためである。我が国の地方制度の確立は、1888 年の市制・町村制であり、人口規模の割に議員数が多いフランスの地方議会制が参考とされたとされる（大森 2002）。本章では、この量的改革の側面を検証する。

2.2　議員定数・報酬の現状

　朝日新聞では、「全国自治体議会アンケート」を 2015 年 1 月に都道府県と市区町村の全1788 議会を対象に実施しており、1787 議会から回答を得ている。その調査結果を踏まえて、朝日新聞全国紙及び地方紙において、取りまとめがなされているので、地方議会の実態を概観する。朝日新聞による調査を用いて、前段では定数に関する実態を、後段では議員報酬に関する実態を示す。

　定数削減の理由について、多くは人口減少への対応や財政難、経費削減が挙げられる（朝日新聞青森全県 2015 年 4 月 24 日）。それに加えて、青森県野辺地町議会は定員割れを理由の1つに挙げている。2014 年 12 月の定例会で、「無投票は避けなければならない」として定数 2 減案が議員提案で提出された（朝日新聞青森全県 2015 年 4 月 24 日）。この 2 原案が賛成 7、反対 6 で可決されている。しかし、定数削減は、住民と議会の距離を遠くするという意見もある。その他、青森県西目屋村議会では、人口減少に伴い、定数を減らしている経緯があるが、2013 年 9 月に定数 1 減案を提案した目的は議会の活性化にあるとする（朝日新聞青森全県 2015 年 4 月 24 日）。

　和歌山県田辺市議会は 2012 年 9 月に 4 人減らして 22 人となっており、「人口減や他都市の状況など総合的に判断して決まった」とされている（朝日新聞和歌山 2015 年 4 月 7 日）。東京都足立区では、2003 年に 56 人の定数を 50 人に削減し、2011 年 5 月の改選時に 45 人へと減らしている。定数削減に対する反対意見としては「議会制民主主義の重要な役割を弱め、区民と行政を繋ぐパイプを細める」等であったが、「減らすべきだという区民の声に耳を

傾けるのは議員として当然、財源を福祉の向上に振り向けることもできる」として賛成意見が押し切ったとされる（朝日新聞東京都 2015 年 4 月 3 日）。

千葉県神崎町では、財政健全化のために議員定数を 2007 年 7 月の選挙から 6 減らし、10 議席としている。2006 年度末の財政調整基金が約 2 億 8400 万円であったものが、2014 年度末の残高が約 9 億 5600 万円となっており、「小さな町が生き残るために、報酬を抑えるのは仕方ない。それに一丸となって財政を立て直してきたと胸を張れる」と町議が指摘している（朝日新聞千葉首都圏 2015 年 3 月 26 日）。

島根県益田市議会では、2011 年 8 月に定数 2 を減らし 26 人とし、2014 年 6 月に 4 人減らしている。議会事務局によると、財政難や住民からの強い要望が理由として挙げられている（朝日新聞島根 2015 年 3 月 14 日）。6 人減らすことによって、議員への年間支給額を約 3000 万円削減できるとされる。島根県では、財政難を理由に挙げたのは 8 議会であり、加えて人口減少や「特別委員会」での検討の結果、議員定数を削減している議会もある。

北海道 180 議会のうち、定数を減らしたのは 55 自治体である。定数を削減した理由として、「近隣自治体の動きに合わせた」が 14 自治体と最も多く、「住民からの要望があった（12 自治体）」、「財政が苦しいから（10 自治体）」と続いている。2015 年春の市議選から定数を 20 人から 16 人と 4 人削減する網走市は、「行政改革と合わせ、人口減少社会、税収減少など将来的な要素を勘案した」としている（朝日新聞北海道 2015 年 3 月 7 日）。

岐阜県では 43 議会のうち、18 議会が定数を削減している。定数削減の理由として、財政が苦しい、住民からの要望、近隣自治体の動きに合わせたという場合がそれぞれ 9 議会とされる。また、下呂市議会は「人口の減少や類似都市の状況を考慮」としている。各務原市議会は「議会改革の一環」と理由を挙げている（朝日新聞岐阜全県 2015 年 3 月 3 日）。

愛知県では 55 議会のうち 28 議会で定数削減を行っている（朝日新聞名古屋 2015 年 2 月 26 日）。最も議席数を減らしたのは西尾市・稲沢市・日進市・愛西市であり、各 4 議席減らしている。定数削減の理由として、多くが議会改革を理由としており、「削減数は周辺自治体の状況などを参考に議会の円滑な

運営、社会情勢の変化などを加味して決めた（稲沢市）」とされる。削減した28 議会の大半が議員提案による削減であり、住民の直接請求による削減は豊明市のみとされ、首長提案はなかったとされる（朝日新聞名古屋 2015 年 2 月26 日）。

　次に議員報酬の増減についての実態を概観する。和歌山県では、県、有田市、岩出市、広川町、有田川町が議員報酬を 1 万 5000 円から 5 万円増額している。その一方で減額した議会はなかったとされる（朝日新聞和歌山 2015 年4 月 7 日）。しかし、増額の一方で、岩出市は政務調査費と交通費や日当からなる費用弁償を廃止している。また、和歌山県議会では、2014 年 2 月の定例会で議員報酬の減額の延長を求める条例改正案の議員提案があったが、反対多数で否決されたために、報酬額がもとの条例通りに戻ったとされる（朝日新聞和歌山 2015 年 4 月 7 日）。

　東京都では、議員報酬について、4 年間で 17 区市町村が減額している。多摩市では 2 万 8000 円減額しており、2011 年に市側の提案で 3000 円減らした後、2012 年に議員提案で 2 万 5000 円減らしている。議員報酬は、各自治体が設置した専門家による審議会が経済情勢や他の自治体の状況などを勘案して検討し、審議会の答申を受けた区長や市町側が提案するケースが多いとされる（朝日新聞東京都 2015 年 4 月 3 日）。

　静岡県では、この 4 年間で議員報酬の減額に踏み切ったのは、県と富士市であったとされる（朝日新聞静岡全県 2015 年 4 月 2 日）。富士市議会は 2013 年 4月、議長報酬を 7000 円減らす月 65 万 3000 円に、副議長とその他議員の報酬をそれぞれ 6000 円減らす 59 万 4000 円、52 万 4000 円にしている。これは、議員ら特別職の報酬額を検討する審議会が経済状況を踏まえて、答申で減額を求めたものである。

　千葉県九十九里町では、2014 年 12 月に、議員の期末手当を増額するための条例改正案が否決されている。会期中は質疑や討論もなく、12 人が反対に回っている。他方で、同時に提案された町長や特別職の給与や一般職の勤勉手当を引き上げる議案は可決している。細田議長は「町を取り巻く環境が厳しい中、議員自ら身を削ってやっていると町民に示そうとしたのではない

か」としている（朝日新聞千葉首都圏2015年3月26日）。また、流山市議会も2014年12月に、議員の期末手当を増額する議案を13対12で否決している。反対した市議は「住民の負担は今後も増えるのに、議員手当を引き上げる理由はない」としている（朝日新聞千葉首都圏2015年3月26日）。

　群馬県みなかみ町では2013年12月、町長が議員報酬を月額19万円から27万円に引き上げる条例改正案を提案し、賛成多数で可決された。しかし、町民からの批判を受け、2014年9月の定例会で24万3000円とする改正案を可決している。みなかみ町の東隣の川場村の議員報酬は県内最少の月額12万5000円であり、他に職を持っていないとなりにくいと現職議員が指摘している（朝日新聞群馬全県2015年3月21日）。群馬県は35市町村のうち6市町村で議員報酬が月額1万円から5万3000円引き上げられている。他方で、桐生市は月額9000円削減している。

　北海道では2011年1月時点と比べて報酬が増えた自治体が27あり、減った自治体の2倍以上とされる（朝日新聞北海道2015年3月7日）。3万1000円増やした芦別市は、「市職員の給与削減に合わせて10％削減していたが、14年4月に条例で定める額に戻した」とされる。

　愛知県では、55議会のうち、19議会が議員報酬を減額している。河村たかし名古屋市長が市議報酬の半減を公約に掲げたこともあり、月額79万円から50万円に引き下げられている。減額した理由として、財政状況や世間の給与水準等を踏まえた報酬審議会の答申の反映が目立つとされており、「雇用情勢などに対する住民の不安感」を考慮したとする安城市議会もあるとされる（朝日新聞名古屋2015年2月28日）。他方で、愛知県の55議会のうち6議会は議員報酬を増額しており、長久手市議会では、市制施行に伴って29万8000円から36万2000円に引き上げられている。

　以上の実態調査を踏まえて、議員定数を削減する理由として人口減少、財政難、他の都市の状況の考慮、住民の要望、議会改革の一環、環境の変化が指摘されていることが明らかとなった。また、議員報酬の削減理由としては議員自らが範を示すこと、経済状況、他の都市の状況の考慮、環境の変化、市長の公約が指摘されている。定数及び報酬の削減は、双方とも同様の要因

が指摘されており、人口の減少や財政難を受けて、議会改革によって削減するといえる。そこで本章では、人口密度、財政力指数をコントロールした上で、議会改革による効果を検証する。

2.3　先 行 研 究

江藤（2009, 2011）では、議員定数や報酬のあり方について議論がなされている。江藤（2009）は、議員報酬を自治の問題であるとした上で、昼間開催か夜間開催かどうかも報酬額を決定する際に重要な要素であるとしている。議員定数に関しては、討議できる人数である必要性を指摘し、経験則から、本会議中心主義の議会では 10 人程度、委員会中心主義の議会では 6 〜 10 人 ×常任委員会数、3 常任委員会であれば 18 〜 30 人ぐらいが妥当であるとしている。

江藤（2011）は、定数と報酬に関して、住民と歩む議会運営を創り出すために、議会は議員報酬及び定数の根拠を住民に説明する必要があるとし、住民自身が討議に参加することで、議会機能を一部担うことを想定してよいと指摘している。そのため、住民の対応によって、議員報酬及び議員定数のあり方が変化するとしている。

山谷（1999）は、議員定数を削減すれば選挙も競争が激しくなり、選良が多くなるという期待が定数削減には込められているが、選挙が厳しくなっても当選する人が選良であるとは限らないと指摘している。また、議員定数削減は、議会改革がなければ留まるところがなく、やがて議会不要論になりかねないと行政改革の流れに議会改革が乗ることの危険性を指摘している。

これらの地方議会の議員定数や報酬に関する規範論に対して、市村（2011）や千葉（2011）は事例研究より実態を明らかにしている。また、河村（1996）、井田（2005）及び丹羽（2007）では定量分析を行い、定数と財政の関係を明らかにしている。加えて、伊藤（2016）では平成の大合併を踏まえて、非合併市町村と定数・報酬を比較している。

市村（2011）は、栃木県小山市を対象とした事例研究を行っており、そこでは、議員定数の削減をせず、議員報酬を 2 年間、5 ％削減したことを明ら

かにしている。小山市の議会改革は、2010 年 4 月に議会改革推進協議会及び専門部会が設置され、議長が議会改革推進協議会に諮問する形で、定数削減・議員報酬削減などが検討された。議員定数については、削減ありきでは議会制民主主義の成熟には繋がらないという意見がある一方で、近隣市議会の状況や歳出削減の必要性等から削減が必要であるという意見があり、統一した結論には至らなかったとされる。

千葉（2011）では、福島県会津若松市の事例を明らかにしている。会津若松市では、2009 年 1 月に、議会制度検討委員会が各会派の代表 7 人で設置されている。そこで独自の議員報酬を算出しており、市長の給与月額 108 万円に 185 日の活動で、月額約 54 万円とし、これに期末手当を合わせて年額 860 万円と算出している。また、2009 年 11 月の住民との意見交換を踏まえて、169 日の議員活動で算出し直し、議員報酬を 770 万円に修正しているが、財政事情を考慮し、現行の 750 万円を維持するとしている。加えて、議員定数については、類似団体との比較を行わずに、民意吸収や監視、政策立案機能を左右する資源として位置づけている。2010 年 12 月に、議会制度検討委員会が出した「議会活動と議員定数等との関連性及びそれらのあり方」と題する最終報告書を、現行通りの議員定数・報酬・政務調査費として賛成多数で可決している。

河村（1996）は、1993 年の 630 の市区を対象に、パス解析を行っている。法定数と条例定数の差を法定数で割った議員削減率を説明する要因として、財政力指数、議員平均報酬、及び与党議員議席率であることを実証している。つまり、財政力が大きいほど、議員報酬が高いほど議員削減率が高くなるとしている。加えて、財政力指数変化率を従属変数として、議員削減率の効果を検証しているが、有意な結果が得られておらず、財政を逼迫するため議会定数を減らすべきという考えは短絡的な視点であるとしている。

井田（2005）は、市議会における議員定数の規定要因を人口、人口密度、第一次産業人口比率により明らかにしている。その結果としては、人口と議員定数の間には相関が見られること、比較的小さい市では人口密度が高いほど議員定数が抑制されること、30 万人未満の人口規模区分において第一次

産業人口比率と定数が相関していることを明らかにしている。

　丹羽（2007）は、奈良県及び大阪府の市町村議会を対象に、相関分析を行っている。議員定数を法定上限で除した定数上限比と人口、人口密度、財政力指数、及び議員報酬が正の相関にあることを示している。他方で、定数上限比と議会費比率に負の相関があることを示している。その分析を踏まえて、財政上の理由から議員削減が主張されるにもかかわらず、削減状況と自治体の財政状況の間には弱い関係しかないと指摘している。

　これらの先行研究より、市町村レベルでの定量研究が行われるようになってきているが、議員定数及び議員報酬の規定要因、削減要因を包括的に明らかにする研究は見受けられないといえる。また、2006 年以降、議会改革が行われているが、議会改革の効果を検証する研究は見受けられない。長野（2012）では、2010 年度の自治体議会改革フォーラムの調査を用いて、議会基本条例、議員提案条例、議会による修正の要因を明らかにしているが、議員定数や報酬については十分に議論されていない。

　そこで、本章では、まずは市町村レベルを対象として分析する。しかし、本来であれば都道府県レベルの分析も必要であるといえるが、サンプル数が47 しかなく、横並び的で改革される傾向が強いことが想定される。もちろん、将来的には都道府県の検証も必要であるが、とりあえず本章では、十分な数に加えて多様性を持つと考えられる市町村を対象として分析を進めていくことにする。

3　仮説と分析モデル

3.1　仮説の設定

　先行研究を踏まえて、以下の 2 つの仮説を設定する。

仮説 1：議会改革を行っている地方議会は、議員定数及び議員報酬は少なくなる。

仮説 2：議会費が十分にあるほど、議員定数及び議員報酬の削減を行っている。

仮説 1 は、議会改革の検証を行うものであり、改革を行っていれば、議員定数及び報酬が減ることを検証するものである。この仮説を検証するために、第 1 に現行の議員定数及び議員報酬を、第 2 に 2011 年から 2014 年の 4 年間で実際に定数・報酬の削減を行ったかどうかを従属変数とする。第 1 は、現行の定数及び報酬の規定要因に、議会改革の取り組みが影響を与えているかを明らかにするものである。議員定数及び報酬の規定要因として、党派性、人口規模、財政、社会環境が挙げられる。これに加えて、地方議会改革が影響を与えるかを検証することに意義がある。また、議会改革は多様な組織形態で行われており、組織形態の違いによってどのような成果の差があるのかを考慮している。もちろん、その他、議会基本条例によって改革を行っている地方議会がなくもないが、条例の制定をもって、改革していると断言できない面もあり、今回はその点については変数として入れていない。
　仮説 2 は、4 年間で、実際に削減した要因を明らかにするものであり、その要因として、議会費が意味を持つかを検証する。議会改革の中でも、議員定数の削減及び議員報酬の削減を行うことのできる地方議会は、定数や報酬を多少削減することの余裕がある議会であると考えられる。仮説 1 で、議会の自己改革の取り組みを検証するとともに、仮説 2 で議会費において余裕のある地方議会が限定的に削減していることを検証する。つまり、仮説 2 は、議会費の余裕がなければ削減できないことを検証するものであり、自己改革の限界を示すものと考えられる。その含意としては、議会縮小やスリム化の要望に対して、現実的な改革を行っているものであり、議会側には存在意義の再確認が求められることになる。他方で、有権者側には、安易な削減を求めるよりも、住民自治の理念を踏まえて、議会にどの程度代表してもらうかを検討することが求められるといえる。

3. 2　分析モデル

　表 1-2 の記述統計量より、議員報酬の最大値は 95 万 3000 円であることが確認でき、当該自治体は横浜市である。横浜市は 2013 年 7 月から 9 か月間にわたり、特例条例で 10 ％減額していたが、2014 年 3 月で打ち切られ、も

との額に戻っており、2014 年度の年間報酬額は 1601 万円とされている（中川内 2014）。他方で、最小値は 18 万円の夕張市となっているが、実際は東京都御蔵島村や青ヶ島村、長野県売木村は月額 10 万円となっている。また福島県矢祭町は日当制であり[1]、日当 3 万円が支給され、年収では 100 万から 120 万円程度となっている（産経新聞 2015 年 3 月 23 日）。

　本章の従属変数は、2014 年 12 月 31 日時点の議員定数、議員報酬に加えて、4 年間での議員定数の削減の有無（あり 1、なし 0）、及び議員報酬の削減の有無（あり 1、なし 0）とする。

　独立変数は、議会改革、党派性、財政、社会環境変数である。具体的には、議会改革を示すものとして「議会改革は終了した」という変数に加えて、議会改革を現状行っている組織形態の違いとして、「議会運営委員会」、「特別委員会」、「調査会・検討会」、「常設の議会改革推進組織」を扱う。

　党派性については、保守系首長、革新系首長、革新系議席割合を入れている。保守系首長は、自民党・公明党の推薦・支持があれば 1 とするダミー変数である。革新系首長は、共産党・社民党の推薦・支持があれば 1 とするダミー変数であり、革新系議席割合は、定数に占める共産党・社民党の議席割合を示している。右派や左派によって、議席を少なくする、議員報酬を少なくするということが考えられるが、ここではコントロール変数として扱っている。

　加藤（2003）や砂原（2006）、曽我・待鳥（2007）、馬渡（2010）、近藤（2013）では、党派性によって、支出構成、議決結果が変化することを実証的に示されていることを踏まえて、コントロール変数としている。左右軸による政策選好の違いは Laver and Hunt（1992）及び Laver and Shepsle（1996）によって示されてきたものである。

　財政については、財政力指数及び対数変換した議会費を扱う。財政力指数は、地方公共団体の財政力を示す指数で、基準財政収入額を基準財政需要額

1　日当制に関して、江藤（2008）は、議員活動を議会出席に矮小化してはならないと危険を指摘している。

で除して得た数値の過去3年間の平均値で作成されている（総務省ホームページ 2014）。これは財政力指数が高いほど、普通交付税算定上の留保財源が大きいことになり、財源に余裕があることを示している。議会費とは、県議会議員、市議会議員などの報酬及び費用弁償、議会事務局職員の給与、あるいは議事堂の建設費、維持管理費など議事運営に必要な経費とされている（総務省自治財政局財務調査課『地方財政状況調査』）。

社会環境を示す変数として、持ち家比率、第一次産業従業者割合、第二次産業従業者割合、政令指定都市、老年人口割合、課税対象所得、人口密度を含めている。これにより、文化的要因や、産業動向、都市化の違い、高齢化の違いをコントロールできるといえる。人口ではなく、人口密度としているのは、単純な人口ではなく、自治体の面積も関係すると考えられるため、可住地面積1㎢当たりの人口密度を用いている。

4　分析結果と解釈

表4-1は議員定数及び議員報酬を従属変数とした重回帰分析の結果を示している。ここでは議会費ではなく、財政力指数を用いている。議会費は議員報酬を含むため、議員定数及び議員報酬との因果関係を示すことができないためである。財政力指数であれば、財政の違いによって、議員定数及び議員報酬を規定するモデルと考えることが可能である。

分析の結果、「議会改革は終了した」が議員定数及び議員報酬の双方において、有意な結果となっていないため、仮説1は支持されないといえる。つまり、議会改革を終えたからといって、現行の定数や報酬の規定要因とはなっていないことを意味している。また、「常設の議会改革推進組織」は、定数に対して10％の有意水準で正の係数が得られており、「調査会・検討会」は、報酬に対して10％の有意水準で正の係数が得られている。これらの結果は、予想とは反対の結果であり、議会改革を実施しているのであれば、報酬を引き下げると予想されるが、定数及び報酬を増やす結果となっている。

党派性に関して、保守系首長は定数に対して有意な正の係数が得られてい

表 4-1.　議員定数及び議員報酬を従属変数とした重回帰分析の結果

	2014 年 12 月 31 日時点の議員定数			2014 年 12 月 31 日時点の議員報酬		
	係数	頑健な標準誤差	t 値	係数	頑健な標準誤差	t 値
議会運営委員会	0.232	0.681	0.34	− 9833.54	8716.350	− 1.13
特別委員会	− 0.358	0.625	− 0.57	− 8764.66	9012.167	− 0.97
調査会・検討会	1.299	0.805	1.61	14698.95*	8524.493	1.72
常設の議会改革推進組織	2.085*	1.042	2.00	13823.31	17394.070	0.79
議会改革は終了した	− 0.747	0.697	− 1.07	− 9097.89	10146.950	− 0.90
保守系首長	0.787	0.499	1.58	13171.31*	7336.631	1.80
革新系首長	3.768***	0.979	3.85	34407.25**	13858.480	2.48
革新系議席割合	− 0.035	0.051	− 0.67	865.68	661.835	1.31
財政力指数	6.978**	2.633	2.65	54892.01	37349.350	1.47
第一次産業従事者割合	− 0.080	0.049	− 1.64	− 4425.51***	808.384	− 5.47
第二次産業従事者割合	− 0.209***	0.046	− 4.57	− 2243.21***	690.181	− 3.25
持ち家比率	− 0.041	0.045	− 0.92	− 467.12	522.885	− 0.89
政令指定都市	34.698***	2.139	16.23	274457.90***	31323.630	8.76
老年人口割合	− 0.120	0.106	− 1.13	− 64.39	1359.679	− 0.05
課税対象所得	− 0.001	0.001	− 0.97	21.96	18.890	1.16
人口密度	0.000	0.000	− 0.42	5.59	5.156	1.09
constant	32.376***	3.449	9.39	389005.20***	62667.430	6.21
F（16, 46）	56.14***			67.21***		
Adj-R^2	0.554			0.592		
n	732			732		

（注）***: $p<.01$, **: $p<.05$, *: $p<.10$ を示す。VIF はいずれも 2.7 以下となっていることを確認しており、多重共線性は発生していないものとする。

る。また革新系首長は、定数及び報酬に対して、有意な正の係数が得られており、定数及び報酬が引き上げられるといえる。この結果により、恐らく、首長は、議会に配慮して議会運営を行うため、定数や報酬を引き下げることが難しいものと考えられる。その一方で、無所属の首長であれば、独自のリーダーシップを発揮し、民意を味方につければ、引き下げも可能であることを示唆しているとも考えられる。ただし、より正確な議論をするためには事例研究による検証が必要であるといえる。

　財政力指数については、定数については正で有意な結果であるが、報酬については有意となっていない。財政に余裕があれば十分な議員定数を設定することができる一方で、報酬については高い設定は行い得ないという自己規制が働いているものと考えられる。

表4-2は、議員定数及び議員報酬の削減の有無を従属変数とした二項ロジスティック回帰モデルの結果を示している。ここでは、削減したかどうかという変化を見ているため、財政力指数ではなく、対数議会費を用いている。ここで、仮説2の「議会費が十分にあるほど、議員定数及び議員報酬の削減を行っている」という検証を行う。なお、二項ロジスティック回帰モデルであるため、オッズ比が1以上で有意であれば、効果があると見ることができる。

　分析の結果、「議会改革は終了した」議会は、議員定数の削減について、3.23の有意なオッズ比が得られているため、定数を削減する効果を持つといえる。これは仮説1を部分的に支持する結果である。

　しかし、議員報酬については有意な結果が得られておらず、議会改革によって議員報酬が引き下げられるとはいえない。議会改革の組織形態については「特別委員会」及び「常設の議会改革推進組織」は定数削減に効果があるといえる。また、「調査会・検討会」及び「常設の議会改革推進組織」は議員報酬の削減について効果があるといえる。

　党派性については、保守系首長、革新系首長及び革新系議席割合については有意な結果が得られていないため、党派性の影響はないものと考えられる。

　仮説2の対数議会費については、1以上で有意な結果が、定数削減及び報酬削減の双方で見られており、支持されるといえる。つまり、議会費が高い方が、定数及び報酬削減を行っていることを示すものであり、議会費に余裕のある自治体において、取り組まれていると考えられる。このことから、2011年から2014年にかけての議会改革は、議員定数の削減に効果があったものの、議会費に余裕のある自治体において、定数及び報酬の削減が取り組まれたものと考えられる。これは現実的に議会の代表機能、政策立案機能、監視機能を考慮した結果、自己改革として行った成果の表れと受け取ることができる。実際の議員定数及び議員報酬で求められる機能を果たすことができるのかどうか、住民が主体となって考えることが求められるといえる。

表 4-2.　議員定数及び議員報酬の削減の有無を従属変数とした二項ロジスティック回帰モデルの結果

	議員定数の削減の有無（あり 1）			議員報酬の削減の有無（あり 1）		
	オッズ比	頑健な標準誤差	z 値	オッズ比	頑健な標準誤差	z 値
議会運営委員会	1.476	0.374	1.54	0.950	0.343	−0.14
特別委員会	1.771**	0.497	2.04	1.573	0.510	1.40
調査会・検討会	1.461	0.462	1.20	2.210*	0.896	1.96
常設の議会改革推進組織	2.238**	0.726	2.48	3.614***	1.568	2.96
議会改革は終了した	3.229***	1.188	3.19	1.389	0.807	0.57
保守系首長	0.922	0.161	−0.46	0.913	0.207	−0.40
革新系首長	0.646	0.171	−1.64	0.938	0.334	−0.18
革新系議席割合	1.003	0.014	0.25	1.012	0.028	0.43
対数議会費	2.620***	0.456	5.54	2.121***	0.592	2.70
第一次産業従業者割合	1.017	0.022	0.77	1.008	0.035	0.24
第二次産業従業者割合	1.029*	0.016	1.89	1.006	0.036	0.16
持ち家比率	1.005	0.009	0.61	0.980	0.021	−0.92
政令指定都市	0.447	0.277	−1.30	0.919	0.487	−0.16
老年人口割合	1.039*	0.023	1.69	1.035	0.040	0.89
課税対象所得	1.000	0.000	−1.05	1.001***	0.000	2.67
人口密度	1.000*	0.000	−1.85	1.000	0.000	0.31
constant	0.000***	0.000	−5.75	0.000***	0.000	−3.16
Wald χ^2 検定量（16）	96.21***			176.24***		
擬似対数尤度	−488.326			−284.991		
Pseudo R^2	0.0798			0.1278		
n	767			752		

（注）***: p<.01, **: p<.05, *: p<.10 を示す。

5　効率性と代表性

　本章の分析より、仮説1の一部（議員定数の削減）と仮説2は支持される結果が得られた。予算的に余裕のある地方議会が議会改革の取り組みの中で、議員の定数と報酬の削減を行っていたことが分かった。この結果から推測すれば、議員の定数や報酬が多い地方議会では、コストと地域民主主義の両観点から検討した結果、定数と報酬の削減が必要であると判断されたと考えられる。一方、この結果を裏返せば、議員の定数や報酬が決して多いとはいえない地方議会では、それ以上の削減は地域民主主義に悪影響を及ぼしかねないこと、議員の十分な政治活動が保障されないことなどを理由として、近年

では定数や報酬などの削減に取り組んでいないことが考えられる。したがって、我が国の地方議会では、必ずしも行政改革と同様にコストの効率性を重視しているのではなく、そのときの議会の状況や、地域民主主義の観点、住民の多様な意見を総合的に踏まえて定数や報酬が決定しているのではないかといえる。もちろん、こうした点については、具体的な事例研究によって、議員の定数や報酬が、議会改革の過程の中でどのように議論され、決定されているのかを詳しく分析する必要があるといえる。

　中邨（2016）によれば、日本の地方議員は自らが定数削減を実現させており、世界的にも希有なことであると指摘されている。議員が自らの手で規模を縮小した事例はほとんど聞かないということである。そのため、今回の分析結果も踏まえれば、我が国の地方議会は、他国に比べて自己変革をしていく意識や能力については高いともいえる。今後は、上橋（2004）や佐々木（2012）の指摘するように、大都市においては、議員が専業となっていることを考慮し、少数精鋭化する一方で、小規模な町村については、報酬を減らし、定数を増やしていくなど、議員の定数と報酬についてはより多様性があってもよいと考えられる。

　最後に、本章における課題として、議員定数及び議員報酬について論じたが、交通費や日当に当たる費用弁償の有無や、政務活動費の有無、その金額については検討を加えることができていない。議員報酬を減らす代わりに、政務活動費を増やすといったことも考えられ、一体的に検討することが求められる。

第5章

議会の討議機能

1 討議機能の重要性

　本章では、地方議会改革により討議機能が向上したかどうかを検証する。討議機能に着目する理由として、次の3点が挙げられる。第1に、議会機能は立法機能、討議機能、及び監視機能であり、話し合い、討議を行うこと自体が議会の機能として重要なためである。地方政治は二元代表制であり、首長と地方議会議員が選挙により選出される仕組みとなっている。しかし、首長提案の議案がほぼ原案で可決される状況であり、地方議会議員の必要性自体が疑われている。こうした状況には、議会の討議機能の弱さに一因があるといえる。議員による自由討議などにより議会の意思を集約していかなければ、強い権限を有する首長に対峙していくことはできないといえる（三重県議会 2009）。

　第2に、討議機能の向上は立法機能及び監視機能の向上に直結しているためである。議員間討議や首長の反問権を認める討議機能の向上は、議員提案条例や執政府への監視と密接に関係している。加えて、議会への住民参加及び議会の透明化とも関係している。議員は再選動機のため（Mayhew 1974）、委員会や本会議において、住民生活に関連した質疑に積極的に取り組むと予想される（松本・松尾 2011）。他方で、住民の関心が高い事柄を議会で審議しているのであれば、住民の傍聴が増加すると考えられる。議会の透明化についても同様であり、なぜ議案に賛成したのか、反対したのかが明示されれば、議員は責任を持って賛成あるいは反対を行うことになる。また、質の高い討議が行われているのであれば、賛否の態度や審議の状況を公開することに反対せず、むしろ積極的に公開を進めることに繋がる。議員間討議、住民参加、

首長と議会の関係は連動しており、住民を起点として政策サイクルを回していくことが求められている（神原他 2015）。

第3に、討議により議員や住民の態度が変容する可能性があるためである[1]。討議の効果として、合意が形成されることがあり、政策形成や決定を行う場合に、討議をすることで異論が減少する可能性がある。もっとも、異論が減少するといえる場合には、反対派や少数派の意見が修正案として反映されることが求められる。ただし、意見が反映されなかった場合、少数派は、不満を抱えることに繋がりかねない。しかし、討議が公の場で行われないまま政策が決定されるよりも、議会における公の場で討議を行った上で、政策決定を行う方が好ましいと考えられる。これらの点から、討議自体に着目する十分な理由があると考えられる。

討議機能の検証として、「一問一答の導入」、「首長の反問権を認めているか」、「実際に反問権を用いたかどうか」、及び「自由討議規定あり」を扱う。これは討議機能が欠如している場合の問題点を反映している。一括質問方式では、論点が明示されにくいという問題があり、それを解決するために一問一答が、多くの議会で導入されてきている。また、首長に反問権を認めていない場合、議員からの質疑に答えるという一方通行の議論となり、双方向のやり取りにはなっていないという問題がある。また自由討議の規定は、首長と議員の間の討議だけではなく、議員間の討議を行うものである。議員間で討議する機会がなければ、議員提案条例が可決されることは難しいといえる。非公式な場で討議を行っているため、問題がないと反論されることが予想されるが、公開されている場で討議を行う方がよいのか否かという問題がある。非公式な協議でよいのであれば、首長の原案可決のみで問題ないといえるが、審議過程、立案決定過程において、透明性が求められる時代になっていると考えられる。議会が十分な討議を行っていない理由として、新井（2015）は、

1　Mackie（2006）は、人の態度がネットワーク構造を持つため、十分な意見変容をもたらさないことを指摘しており、討議の効果は潜在的で間接的なものになるとしている。他方で緩やかに意見が変容したという研究も存在している（Barabas 2004）。

議員と役所の役割分担が固定化されていること及び、会派ごとの意思決定とその硬直化を挙げている[2]。本章では、議会改革により討議機能が向上したかを検証する。

本章の構成として、2. において、二元代表制及び地方議会の討議に関する先行研究を整理する。3. において仮説と分析モデルを提示する。4. において分析を行い、結果の解釈を示す。5. において総括を行う。

2　地方議会における討議

2. 1　二元代表制における議会と執政府の関係

地方政治は議院内閣制である国会とは異なり、議会多数派から首長が選出されるのではなく、選挙により首長及び議員が選出される二元代表制となっている。議院内閣制の場合、議会多数派による安定的な議事運営が可能であるが、二元代表制の場合、議会と首長が対立する場合がしばしば見受けられる。しかし、首長が予算調製権を持ち、ほとんどの議案を成立させており、強い権限を有している。また、議会多数派の協力を得て、議院内閣制のように議事運営を行っているという特徴を持つ[3]。

地方議会における首長と議員の党派性が予算や政策に影響を与えることが示されてきた（Laver and Hunt 1992, Laver and Shepsle 1996）。財政運営に関して、加藤（2003）、砂原（2006, 2011）、曽我・待鳥（2007）及び近藤（2013）などの研究が存在している。また、馬渡（2010）や辻（2015）は、都道府県議会の首長の党派性と、議員の賛否や請願・直接請求との関係を明らかにしている。加えて、築山（2015）は、与党議席率の増加が知事提出議案数の合計と知事提案に対する修正議決を減少させることを示している。その理由として、自民

2　同様の問題点を後藤（2009）が指摘しており、会派があるため、本会議での質問は、議員に対して自分の考えを訴えかけているに過ぎないとしている。議会として質疑ができていないことに問題があるといえる。

3　これに対して、辻（2006a）は、首長と議会多数派の党派性が大きく異なる場合は、首長提出の議案に反対や修正がなされることを指摘している。

党の地方政党組織が地方自治体独自の政策刷新に消極的であることが指摘されている（伊藤 2002）。

　曽我・待鳥（2007）では、党派性が歳出に与える影響を検証しており、土木費については党派性を越えて拡大志向が見られるものの、自民党議員が土木費の増額を主張しなくなったことを明らかにしている。分配政策や福祉政策の分析を踏まえて、歳出拡大傾向を持つ議会と抑制傾向を強める知事の間の部門間対立や、あるいは一部政策領域において、知事と議会がともに歳出を拡大する傾向があることを指摘している。

　砂原（2011）は 1990 年代以降、社会党が退潮し、民主党がイデオロギーを押し出す政党ではないため、党派性モデルが妥当していないことを指摘し、地方議会を首長に対する制約として捉える相互作用モデルの検証を行っている。そこでは、財政資源の制約がある 1990 年代以降において、議会における知事に対する反対勢力が少ない状態では、現状維持点からの変化が小さいことが示されている。

2.2　討議に関する先行研究

　地方議会の討議に関する先行研究は、十分な蓄積があるとはいえない。討議に関して、一部の事例を除いて、いかにすれば改善されるかという規範的な議論が多くを占めている。江藤（2007）、神原他（2015）及び竹下（2009）は、その中でも、規範的な議論と事例の双方に言及している。また土山（2017）や川本（2017）は政策提案に繋げるために討議を位置づけている。他方で、大森（2016）は首長と議員の間に共演関係が存在するため、機関競争主義が働きにくいことを指摘している。

　江藤（2007）は、議会は会議体の見本でなければならないとしており、討議に基づき、議員や住民の意見が変化することを前提としている。また二元代表制を機能させるために、議会と首長が討議をして、よりよい政策を発見することが必要であると指摘している。議員間討議に関しては、議員提出条例が多くなれば、議員間の質問応答が必要になるとし、その際、首長は出席する必要がないとしている。また、江藤（2007）では、四日市市議会及び富

山県議会の取り組みを紹介している。四日市市議会では、2000 年に全議員が参加する市政活性化推進等議員懇談会が設置されており、政策提言を行う議会が目指されている。富山県議会では、議員同士の討議を行うための政策討論会が設置されている。2 時間にわたり、議員同士が討議して、議事録が作成され、公開されることとなっている。

　議会が討議の場として再生するためには、執政府からの反問権も必要であるとしている（江藤 2007）。執政府の長として、意見を交わすことは政策をよりよいものにする。二元代表制を機能させるためには、公的な場で対立の場を創設することが必要であるとしている（江藤 2007）。

　議員間討議を進めるためには、委員会において、特定のテーマについて論点を文書で整理し、公開することが必要であると指摘されている（神原他 2015）。また、多治見市議会の事例が紹介されており、総合計画の素案が提示されると、「特別委員会」が設置され、執政府側が議員の質問に答えるとともに、議員間討議がなされている。その上で、議会は、可決、否決、修正されるか分からない状態でなければ、議員間討議は難しいかもしれないとされている（神原他 2015）。

　竹下（2009）は議員間討議の必要性を住民の意向の反映から説明している。議員の責務として、住民を代表することを挙げており、議案のチェックについても住民全体の利益となっているかを議員の間で論議することが必要であるとしている。

　土山（2017）は、議会改革の本質を議論する議会と位置づけており、議論の過程の中で住民参加と情報公開を行うことで、議会が政策主体となることが求められるとしている。その上で、一般質問が監視機能と政策提案機能を持つため、政策議会を作るためには一般質問の質問力を高めることが重要であるとしている。同様に川本（2017）は、一般質問を政策提案型、責任追及型、自己主張型の 3 つに分類しており、議会が政策提案の主体となるべきことを指摘している。これに対して大森（2016）は、首長の弁舌のハイライトは施政方針演説と一般質問への応答であるとしながらも、首長と議員の間には一種の共演関係が暗黙に了解されていると指摘している。その例として、

議員は執政府に通告済みの質問をあたかも初めて問い質しているように述べ、これに対して首長・執政府はあたかも初めて聞いてこれに答えるかのような様子があるとしている。議員の側が踏み込んだ追及をしない代わりに議員の面子が立つように答えるという了解の上で質疑が行われていると指摘している（大森 2016）。このように一般質問によって政策提案能力が向上することが期待されているが、首長と議員がお互いの面子を保つことが暗黙の了解となっており、文化として根づいているため、機関競争主義が本質的に機能するかどうかは、難しい問題であると考えられる。

　これらの先行研究は、討議機能についての先進事例を明らかにしているが、改革のいかなる要因によって討議機能が向上するのかは明らかにされていない。次項では、朝日新聞によるアンケートより、討議の実態を明らかにし、自治体間の格差が広がっていることを示す。

2.3　朝日新聞によるアンケート

　朝日新聞では、「全国自治体議会アンケート」を2011年1月及び2015年1月に都道府県と市区町村の全1788議会を対象に実施しており、1787議会から回答を得ている[4]。その調査結果を踏まえて、朝日新聞全国紙及び地方紙において、取りまとめがなされているので、地方議会の実態を概観する。

　青森県佐井村議会には、追跡質問という制度があり、1年前までの質問は、事前通告なくその後の経過を執政府に質せるという制度がある。2011年の3月議会では、漁港の整備や農作物のサル被害対策に関して、8人中6人がこの制度を使ったとされている（朝日新聞 2011年4月25日）。

　神奈川県葉山町では、2011年までの過去3年間で首長提案のうち否決が8件、修正可決が4件となっている。町議会議員によると「否決が増えたのは反町長の議員が町長にケチをつけているだけ。建設的な議論の結果ではない」と批判しているが、議会の活気が高まり、事務局の仕事量は増えているとされる（朝日新聞横浜地方 2011年4月）。

4　なお、2011年1月の議会アンケートでは1797議会から回答が得られている。

　栃木県宇都宮市では、円滑な議会運営のため、申し合わせにより、議員の本会議での一般質問を年 2 回までに制限することを明文化している[5]。2011年 4 月の任期切れを前に 2 月 12 日の時点で、一度も質問に立っていない議員が 6 人いることが指摘されている（朝日新聞 2011 年 2 月 12 日）。他方で、宮城県仙台市では住民団体「議会ウオッチャー・仙台」が議会通信簿を発表しており、(1)事前に現場を調査したか（4 点満点）、(2)質問で他の都市と比較したか（2 点）、(3)改善案を提案したか（3 点）の 3 項目に加えて、本会議場での居眠り、私語、席を離れたかを対象にしている。こうした取り組みは、地方議会の討議のレベルが低いことを示唆しているものといえる。

　香川県議会では、県議会議員が 40 人であり、当選回数 4 回から 6 回のベテラン県議 5 人の質問がゼロであった一方、当選回数の少ない県議の質問機会が多いとされる（朝日新聞香川全県 2015 年 3 月 23 日）。当選回数 1 回の 3 人が最多の 14 回質問しており、氏家孝志県議は「質問の骨子は自分で考え、必要なデータは事務局に問い合わせる。質問することでその問題を深く調査したり、本を読んだりするので勉強にもなる」と話している（朝日新聞香川全県 2015 年 3 月 23 日）。

　これらの朝日新聞のアンケートを踏まえると、地方議会の討議は、各自治体の運営に委ねられており、地域差が大きいことがうかがえる。青森県佐井村のように独自の取り組みが行われる自治体がある一方で、質問を行っていない議員が存在している自治体もある。この現状は、議会の討議に多様性があり、改革により自治体間の違いが大きいことを示唆している。

2. 4　一問一答、反問権、自由討議

　一問一答は、議員の質問と執政府の答弁を交互に行うやり方を指す（吉

5　地方議会の運用基準とされてきた市及び町村の標準会議規則では、質問の回数を決めるなどの制限を設けている（岡﨑 2015）。標準市議会会議規則では、「質疑は、同一議員につき、同一議題について○回をこえることができない。ただし、特に議長の許可を得たときは、この限りでない」とされており、質問についてもこの規定が準用されている（標準市議会会議規則第 64 条）。

田 2016, 三重県議会 2009)。これまでの質疑では、議員が質問したい点をまとめて質問し、執政府もまとめて答弁する一括質問方式を取っていた。そのため、論点がはっきりせず、答弁も不十分なものになっていた（吉田 2016）。1955 年、国会における自由討議が廃止され、地方議会においてもなくなっている（吉田 2016）。その後、地方議会では、形を変えて一般質問の制度として定着し、「議員の顔を立てつつ審議の促進を図る」仕組みとして独自の発展を遂げた（吉田 2016）。廣瀬・自治体議会改革フォーラム（2014）によると、23.2 ％の議会は、一問一答を導入していない。一問一答を導入しているとする東京都中野区議会では、予算委員会及び決算委員会のみが導入しており、全ての委員会で導入している訳ではない[6]。この現状は、アンケート調査の数字と一部導入のみという実態の間に、若干の乖離がある可能性を示唆している。また、議会中継をインターネットやケーブルテレビなどで配信する議会が増えているため、視聴者にとって分かりやすい一問一答を取り入れることが望ましいとされる（早稲田大学マニフェスト研究所議会改革調査部会 2014）。

　反問権は、執政府が議員に対して逆に質問する権利を指す。廣瀬・自治体議会改革フォーラム（2014）によると、62.2 ％の議会は、反問権を認めていない。2011 年 3 月佐賀市議会では、初めての反問権の行使が行われた（佐賀新聞 2011 年 3 月 11 日）。吉村重幸子ども教育部長が「（市教委が）業者側に顔認証を示したとする根拠は何でしょうか」と逆質問したことにより、白倉和子議員が質問を変え、議論はそこで終了したとされる。反問権は、執政府が質疑者に逆質問を行うことにより、論戦を行うことができるようにするものであり、質疑者が納得する、あるいはそれ以上の追及ができないと感じた場合、他の質疑に切り替えることになる。これにより、執政府が質疑に答えるのみであった状態とは異なり、質疑者と執政府が同じ立場に立ち、物事を考えることが可能となる。他方で、反問権を行使している場合であっても、単なる質問の趣旨を確認する例が多く存在しているとされる（早稲田大学マニフェスト研究所議会改革調査部会 2014）。

6　2017 年 3 月 3 日民進党所属の区議会議員へのヒアリング調査より。

　自由討議は、議会の中において、議員同士が議論を行う制度である。廣瀬・自治体議会改革フォーラム（2014）によると、自由討議の規定がない議会は69.0％であり、多くを占めている。執政府と議員による議論ではなく、議員間による討議であるため、執政府を追及するというよりも、建設的な議論によりよいアイデアが生み出されるものと考えられる。自由討議の規定がない議会が多くを占める理由として、会派によって政策を協議する場が議会の外で存在しているためである。

3　仮説と分析モデル

3.1　仮説の設定

　先行研究を踏まえて、議会改革の成果の検証を行うために仮説1を、党派性を検証するために仮説2を設定する。

仮説1：「議会改革は終了した」議会は、討議機能が向上している。

仮説2：保守系首長は、議会の討議機能を向上させない。

　仮説1は、「議会改革は終了した」議会において、討議機能に関する改革が行われていたことを検証するものである。議会改革の組織形態は、4つの組織形態が存在している。1つ目は、「議会運営委員会」の案件として検討しているものであり、議会の中でも議事運営を担う「議会運営委員会」が主導するものである。2つ目は、「特別委員会」を設置して検討するものであり、特定の課題に対して常任委員会とは別に委員会を設置して検討するものである。3つ目は、議員のみで構成する「調査会・検討会」で検討するものであり、議会の中でも委員会以外によって進める組織形態である。4つ目は、上述のもの以外の「常設の議会改革推進組織」を設置するものであり、議会が開かれる時期以外にも活動できる組織形態となっている。この他、既に議会改革の取り組みは終了したので、組織は解散しているという選択肢がある。この選択肢によって、既に議会改革が終了した議会の成果を検証できる。また併せて他の組織形態による成果の検証も行う。

　仮説2は、自民党及び公明党の支持あるいは推薦がある保守系首長は、現

状維持を志向することが予想されるため、討議機能を向上させていないことを検証するものである。特に、自民党の地方政党組織が地方自治体独自の政策刷新に消極的であることが指摘されていることから（伊藤 2002）、保守を志向する自治体においては、討議機能において十分な改革が進んでいないものと考えられる。議会改革が進まない理由として、自民党の存在が指摘されており[7]、現状維持を好む保守主義の考えが反映されていると考えられる。砂原（2015a）は、地方議会において、国政とのパイプを持つ自民党が重要であることを指摘しており、自民党系首長が当選する自治体では、議会多数派と対立することが少ないとしている。加えて、党派性に着目する理由として、地方自治体がいかなる政策選択を行ってきたかを考えるときに、知事の政治上の立場が重要な要素となるためである（曽我・待鳥 2007）。

3.2　分析モデル

　本章における分析モデルの特定を行う。従属変数は、以下の4つである。第1に、一問一答を導入しているか否かであり、導入している場合を1、導入していない場合を0としている。第2に、首長の反問権を認めているか否かであり、認めている場合を1、認めていない場合を0としている。第3に、実際に首長が反問権を用いたかどうかであり、用いた場合を1、用いていない場合を0としている。第4に、議員間の自由討議の規定があるか否かであり、規定がある場合を1、ない場合を0としている。これらの変数はいずれも1か0の2値であるため、二項ロジスティック回帰モデルを用いて推定を行う。

　独立変数は、議会改革の組織形態、党派性、社会環境変数である。具体的には、議会改革を示すものとして「議会改革は終了した」という変数に加えて、議会改革を現状行っている組織形態の違いとして、「議会運営委員会」、

7　東京都中野区議会において議会改革が進まない理由は、自民党区議が改革に対して熱心ではないため、ブレーキがかかっていることを、2017年3月3日民進党所属の区議会議員へのヒアリング調査より確認している。

「特別委員会」、「調査会・検討会」、「常設の議会改革推進組織」を扱う。本章で着目するのは、「議会改革は終了した」と答えている自治体において、討議機能を向上させる効果があるのかを検証することである。また、議会改革を継続している自治体が多いため、改革の組織形態の違いに応じて、討議機能にどのような効果が表れているかを検証する。

　党派性については、保守系首長、革新系首長、革新系議席割合を入れている。ここで持ち家比率をモデルに含める理由は、党派性に関する変数を多く含めるよりも、社会環境を示す文化的要因を含める方が、党派性に関する変数の過剰推定を防げるためである。

　その他の社会環境変数として、長野（2012）や Fukumoto（2008）を参考に、議会費（対数）、第一次産業従業者割合、第二次産業従業者割合、持ち家比率、政令指定都市、老年人口割合、課税対象所得、人口密度を入れている。

4　分析結果と解釈

　表5-1 は、討議に関する二項ロジスティック回帰モデルの推定結果を示している。「議会改革は終了した」場合、「一問一答の導入」、「首長の反問権を認めている」、及び「自由討議規定あり」において、1 以上で有意なオッズ比が得られており、議会改革の効果があるといえる。そのため、仮説1 は、支持される結果であるといえる。ただし、「実際に反問権を用いたか」については、有意となっておらず、制度は変化したものの実態は変化していないことを示唆している。

　議会改革の組織形態の違いに関して、「議会運営委員会」の案件として改革を行っている場合、4 つの従属変数のいずれにおいても 1 以上で有意なオッズ比が得られており、討議機能へ効果を持つといえる。「特別委員会」での議会改革を行っている場合、「首長の反問権を認めている」及び「自由討議規定あり」に対して効果がある。「調査会・検討会」で検討している場合は、「一問一答の導入」及び「自由討議規定あり」に効果がある。「常設の議会改革推進組織」で改革を行っている場合、「議会改革は終了した」場合

表 5-1. 討議に関する二項ロジスティック回帰モデルの推定結果

	一問一答の導入		首長の反問権を認めている		実際に反問権を用いたか		自由討議規定あり	
	オッズ比	Robust SE	オッズ比	Robust SE	オッズ比	Robust SE	オッズ比	Robust SE
議会運営委員会	1.994**	0.568	2.077***	0.552	1.848**	0.590	3.162***	0.802
特別委員会	1.385	0.419	1.489*	0.346	1.320	0.399	1.784**	0.403
調査会・検討会	1.808*	0.586	1.739	0.664	1.471	0.564	1.843*	0.645
常設の議会改革推進組織	2.624*	1.359	2.694**	1.171	0.690	0.419	5.591***	1.856
議会改革は終了した	2.550*	1.420	2.485**	1.021	1.823	0.797	3.716***	1.515
保守系首長	0.483***	0.107	0.613**	0.129	0.497***	0.121	0.646**	0.126
革新系首長	1.217	0.421	1.354	0.345	1.379	0.515	1.020	0.239
革新系議席割合	1.029	0.021	1.028	0.018	1.021	0.021	1.033*	0.019
対数議会費	0.651	0.185	1.516**	0.291	1.095	0.332	2.504***	0.560
第一次産業従業者割合	0.928	0.116	1.170*	0.111	1.102	0.146	1.173	0.128
第二次産業従業者割合	0.987***	0.005	0.989**	0.005	0.996	0.006	0.998	0.005
持ち家比率	0.992	0.011	1.011	0.011	1.013	0.014	1.015*	0.009
政令指定都市	1.490	1.253	2.941*	1.901	1.761	1.311	0.925	0.624
老年人口割合	0.962	0.029	0.968	0.026	0.961	0.028	1.003	0.024
課税対象所得	1.000	0.000	1.000**	0.000	1.000	0.000	1.000	0.000
人口密度	1.000***	0.000	1.000***	0.000	1.000***	0.000	1.000***	0.000
切片	5305.1**	22593.8	0.001**	0.003	0.019	0.071	0.000***	0.000
n	771		771		765		771	
Wald chi2（16）	151.51		106.06		60.73		222.05	
Log likelihood	−334.601		−486.567		−332.902		−471.515	
Pseudo R²	0.116		0.0811		0.0495		0.0903	

（注）***: p<.01, **: p<.05, *: p<.10 を示す。不均一分散に対応するため、47 都道府県で
　　　クラスター化した頑健な標準誤差を用いている。

と同様に、「一問一答の導入」、「首長の反問権を認めている」、及び「自由討議規定あり」に効果がある。これらの議会改革を行っている自治体において、討議機能へ多くの効果が見られることは、議会改革の主たる目的として、討議機能を向上することが目的とされているためであり、その成果として表れているものと考えられる。

　次に党派性についての結果を見る。保守系首長は、いずれの従属変数においても、1 以下で有意なオッズ比が得られている。これは、保守系首長は、討議機能に関する改革に熱心に取り組んでいないことを示唆している。討議機能が向上した場合、首長と議会が対立する可能性が高まるため、十分に取り組まないものと考えられる。革新系首長については、いずれも有意となっ

ていない。革新系議席割合については、「自由討議規定あり」についてのみ、
1.033 で有意なオッズ比が得られており、革新系議席割合が高まれば、自由
討議規定を設ける傾向があるといえる。

　これらの結果より、議会改革では討議機能を強化するような制度改革が行
われており、仮説 1 は支持されるといえる。しかし、実際に反問権が用いら
れているかといえば、そうではなく、議会改革を行ったからといって、運用
面において反問権が用いられる訳ではないことが明らかとなった。また、仮
説 2 に関して、保守系首長は、議会の討議機能の強化に関して反対すること
が考えられ、4 つの従属変数いずれにおいても、取り組んでいないことが明
らかとなった。

5　討議機能の向上と課題

　本章では、討議機能に着目し、議会改革の検証を行った。仮説 1 では、
「議会改革は終了した」と回答した議会において、討議機能が向上したかを
検証した。分析の結果、「一問一答の導入」、「首長の反問権を認めている」、
及び「自由討議規定あり」において有意な結果が得られており、討議機能が
向上したといえる。ただし、「実際に反問権を用いたか」については、有意
となっていないため、運用上の課題が残っているといえる。

　仮説 2 では、保守系首長が討議機能を向上させる阻害要因になっているか
どうかを検証した。分析の結果、4 つの従属変数の全てにおいて、有意に 1
以下のオッズ比が得られており、保守系首長は討議機能を向上させていない
ことが明らかとなった。これは、保守勢力の強い議会では、保守系首長の
リーダーシップのもとに動くため、討議機能の改革に十分に取り組まないも
のと考えられる。実際に首長が議会に対して、改革の統制をすることは考え
にくいが、保守系首長が存在することにより、現状に満足し、議会側が改革
に取り組みにくくなっていることが考えられる。砂原（2011）は、党派性は
十分な説得力を持たなくなったとするが、市町村議会の討議機能に関する改
革においては、党派性が影響を与えていることが考えられる。

本章における課題は、討議機能として扱った従属変数が十分であるとはいえない点である。青森県佐井村の追跡質問制度のように、議員の質問によって執政府が何らかの対応を行ったかどうかといった検証も必要となる[8]。また、質疑や質問は、①追及する効果、②情報を引き出す効果、③執政府の行動を制約する効果があると考えられ（Franklin and Norton 1993）、これらの効果が得られているかどうかを個別の質疑・質問から精査することが求められる。日本においては議員が質疑・質問を効果的に行う文化が十分に育っていないと考えられる。活動をアピールするために質疑・質問を行っている議員に対しては、質疑能力の向上を図る必要があり（土山 2017）、議員研修などを通して、質疑・質問を効果的に行う文化を涵養していかなければならない。

　地方議会における改革は、その途上であり、運用面において十分に機能していないことが考えられる。実際に反問権を用いるかどうかは、執政府の対応次第であり、これまで用いたことがない地方議会において、最初の一歩を踏み出すことは難しいと考えられる。議会が討議機関であることを認識し、他の地方議会の事例等を踏まえて、議員間討議及び首長と議員間の討議が行われることが望ましいといえる。また、議会での審議を住民がチェックし、問題が生じた場合に、監視・統制することが求められる。議会での討議を活発化させ、議員及び首長は、住民に対して説明責任を果たしていかなければならない。

8　佐井村議会（2017）「さい議会だより No.177」では、追跡質問により、過去に質問した件がその後どうなったかについて執政府側の対応を議会だよりに紹介している。
　http://www.vill.sai.lg.jp/media/assembly/2017_177.pdf（2018 年 9 月 13 日確認）

第6章

議会の立法機能

1　条例制定権の拡大

　本章では、地方議会改革により、立法機能が向上したかどうかを検証する。立法機能は、通常、議会による修正及び議員提案条例で捉えられることが多いが、本章では、立法機能を幅広く捉えており[1]、「任意的議決事件を追加しているか否か」、「議員による修正案の可決件数が1以上であるか否か」、「政策立案のためのパブリックコメントがあるかどうか」、「議会外において、政策立案のための特別な場を設置しているか否か」を分析対象とする。これらは、議会の立法機能には不可欠なものであり、2006年の栗山町の議会改革以降、全国に広がった議会改革の成果が表れているかを検証する。

　2000年4月より、機関委任事務が廃止されたことにより、自治体の条例制定権の範囲は大幅に拡大した。それにより、地方自治体の裁量権も大幅に増大し、地域に根差した条例制定が求められるようになっている[2]。しかしながら、地方議会は、独自の政策提案や条例制定を行っているとはいえない状況にある。現状では、議会として比較的、手をつけやすい立法に取り組む傾向があり、乾杯条例[3]、歯の健康、自転車の安全などについての条例が制

1　立法機能を幅広く解釈した場合、議員の首長への要望活動、本会議・委員会での首長に対する質疑、意見書・決議による議会意思の表明、議案の修正・否決、議員提出条例の制定などが含まれる。

2　穂坂（2009）は、政策を重点にした政策議会に変わることが必要であるとし、まちの大きな課題について議会の意志を統一することが必要としている。

3　乾杯条例は、京都市で2013年に、清酒での乾杯を奨励するものとして制定され、その後、「有田焼の酒器による乾杯を促進する条例（有田町）」や「みなべ町紀州南高梅使用のおにぎり及び梅干しの普及に関する条例（みなべ町）」など産業振興の目的で全国

定されている。これらの条例は、予算を伴わないものであり、理念や心がけが中心であり、反対意見が出て来ない内容となっている。

　二元代表制は、首長と議会が政策競争を行い、監視し合うことが求められる。そのため、議案を修正、否決することは、政策の質向上のために必要である。しかし、議会で議決される条例のほとんどは首長提案であり、修正もされず、原案可決が大多数を占めている。この理由は、日本の地方政治の制度的特徴として、首長は強力な議題設定権を持っており（曽我・待鳥 2007, 砂原 2011, 築山 2015）、議会は首長の決定を了承する承認機関となってきたためである。首長が優位である理由として、佐々木（2009）は、議会の政策形成への影響力が相対的に小さいこと、予算に関する議会の減額修正が事実上できないこと、議会には質問権、調査権しかなく、自治体事務の内容の是非を問うことができなかったことを挙げている。

　いかなる要因により立法が行われるのかについて、Fukumoto（2008）の研究がある。Fukumoto（2008）は、独占モデル（立法市場を独占と捉え、効用を最大化する議会を想定している）により立法の生産性を説明しており、社会経済的変化及び政治的変化が立法の限界便益を増加させる一方で、交渉コストの低下や十分な議会の資源は立法の限界費用を減少させることを示している。社会経済的変化としてインフレ、GDP 成長率、人口変化を挙げており、政治的変化として選挙後の経過年、首相が政党へ及ぼす権力を挙げている。また、交渉コストや議会の資源として、与党議席率と委員会の数を挙げている。その他、地方自治体の財政資源は、新規立法を制約する存在となることが考えられる（伊藤 2002）。

　こうした要因を踏まえて、本章では、議会改革の成果として、立法機能が高められたのかを検証する。本章の構成として、2. において地方議会における立法についての先行研究を整理する。3. において仮説と分析モデルを提示する。4. において分析を行い、結果の解釈を示す。5. において本章の総括を行う。

的に広まったとされる（吉田 2016）。

2　地方議会における立法

2.1　立法の現状及び先行研究

　地方議会の立法に関する先行研究は、議会による修正・議員提案、議員提案に至るまでのパブリックコメントの整備、及び議決事件の追加に分けられる。議会による修正、議員提案に関して、都道府県議会について、辻（2002,2015）、馬渡（2010）、築山（2015）が挙げられる。馬渡（2010）では、知事の属性により、修正や否決が生じることを確かめており、保守系知事よりも、非自民系知事は、修正や否決がされる確率が高いという仮説を検証している。保守系知事では、140名中50名のもとで修正や否決の事例が生起しているのに対して、非自民系知事では14名中12名が修正や否決の事例を有すると指摘している（馬渡 2010：184）。馬渡（2010）の研究を踏まえて、辻（2015）では、知事提出議案が否決あるいは修正された要因を、1947年から2013年までの都道府県パネルデータを用いて、ロジットモデルによる推定を行っている。その結果、非自民党知事及び非自民党議会では、否決あるいは修正を増加させる一方で、知事の官僚経験や副知事経験が否決あるいは修正を減らすことが示されている。築山（2015）では、1967年から2006年の都道府県パネルデータを用いて、知事提出議案に対して否決や修正される要因を明らかにしている。そこでは、首長に強い議題設定権があることが指摘されており、地域住民の高齢化が知事による条例提案や否決や修正議決の事例を増加させる一方、都市化も条例の新規制定を増加させることが明らかにされている。

　市町村レベルにおける研究は少なく、首長提案がほとんどを占めるという現状を指摘する研究が中心となっている。2006年の自治法改正により、議員の議案提出の要件が「議員の定数の12分の1」に緩和され、委員会にも議案の提出が認められるようになっている（自治法第96条第1項、第112条）。また、2006年の改正により常任委員会、議会運営委員会、特別委員会は、議会の議決すべき事件のうち、その部門に属する当該普通地方公共団体の事務に関するものにつき、議会に議案（予算を除く）を提出できるものとなって

いる（自治法第109条、110条）。山崎（2003）は、町村長提案の99.4％が原案可決されていることに対して、首長と与党議員に根回しを行い、事前審査により調整が済んでいるため原案可決が100％近くになると指摘している。また、議員提出の条例の平均件数について、人口規模が大きいほど、多い傾向があることを示している。また、八木（2012）によると、2004年に、全国の市長と市議会議員が提出した条例の件数は、市長提出2万2851件に対して、議員提出は848件と3.7％に過ぎないとしている。この傾向は2005年に3.4％、2006年に3.9％、2007年に5.8％、2008年に3.8％と大きく変わっていないと指摘している。

　議会による修正・議員提案に関する事例として、会津若松市議会では、2006年10月、公共施設の利活用問題に関して、議員間討議を経て、対案を提出している。「鶴城小学校を市営団地に移転させるのではなく、現在地に新築する工事中は近くの旧会津学鳳高校舎を改修し、仮校舎とする」という内容であり、住民から60件の意見が寄せられたとしている（河北新報社編集局 2011）。また仙台市議会は、議員提案条例が「落書き防止条例」（2002年）の1本しかなかったとされるが、議会6会派による2年間の検討を経て、「高校生が国の教育ローンを借りる際、市が利子を補給する制度の創設」が執政府への要請により決まったとされる（河北新報社編集局 2011）。これは、議員提案条例でないとしても、議員間による政策討議の影響であるといえる。

　議員立法を成立させるための条件として、議会への条例案提出前に立法段階から会派を越えて検討し、多数の賛成者を得るために合意形成を図ることが求められる。吉田（2016）は、議員提案条例を増やすために、議員の知識不足を補うことが必要であるとし、その方法として、住民の知恵を借りることと、議会が行政に情報を要求することとしている。これは、情報が少ない議員が情報を要求することで、監視機能とともに政策立案機能を高めるものである。修正案を議員が提出するためには、専門的な知識が必要であり、法制執務面からのサポート体制の充実が必要とされる（三重県議会 2009）[4]。

4　都道府県レベルの議決事件の追加については伊藤（2018）の研究を参照されたい。

　議員提案に至るまでのパブリックコメントの整備は、住民の意見を行政の
みならず、議会に反映することを意図して行われる。政策立案過程において、
パブリックコメントが多くの自治体で実施される中で、執政府の立案する政
策の形成に議会が関与していくことは大きな意義を持つとされる（三重県議
会 2009）。他方で、議員提案条例を促進する場合に、執政府側の意見反映の
機会をいかに確保するかが考慮されるべきであるとされている。

　議決事件の追加に関して、2011 年の自治法の改正により、第 96 条第 2 項
では、法定受託事務に係る事件についても、国の安全に関すること、その他
の事由により議会の議決すべきものとすることが適当でないものとして政令
で定めるものを除き、条例で議会の議決事件として定めることが可能となっ
た。同項を活用した議決事件の追加を伴う条例として、三重県議会の例では、
「三重県行政に係る基本的な計画について議会が議決すべきことを定める条
例」及び「県の出資法人への関わり方の基本的事項を定める条例」がある
（三重県議会 2009）。社会経済生産性本部総合企画部（2003）による住民参加有
識者会議による報告書では、議決事件の追加については議会権限を拡大する
ものであるが、あまり活用されていないことが指摘されている。

　また、早稲田大学マニフェスト研究所議会改革調査部会（2014）は、議決
事件の追加に関する先進事例として、熊本県御船町議会及び京都府京丹後市
議会を取り上げている。御船町議会では、基本構想を議会の議決に付すべき
事件として追加しており、全員協議会の素案を受けて、住民との意見交換を
行い、議会、行政、住民の合意のもとで可決されている。また、京丹後市議
会では、議決事件となるものとならないものを細かく仕分けしている。

　これらの先行研究を踏まえると、地方議会の立法においては、二元代表制
であるため、首長や議会の党派性が重要であるといえる。また、議会改革に
関する定量研究は長野（2012, 2017a）を除いて、十分に行われておらず、事例
研究が多くを占めているといえる。次項では、より詳細な地方の実態につい
て、朝日新聞のアンケートをレビューする。

2.2　朝日新聞によるアンケート

　朝日新聞では、「全国自治体議会アンケート」を 2011 年 1 月及び 2015 年
1 月に都道府県と市区町村の全 1788 議会を対象に実施しており、1787 議会
から回答を得ている[5]。その調査結果を踏まえて、朝日新聞全国紙及び地方
紙において、取りまとめがなされているので、地方議会の実態を概観する。

　2011 年 1 月の調査では、過去 4 年間に首長提案の議案を 1 本も修正しない、
議員提案の条例を作らない、議員の賛否を公表しないという「3 ない議会」
が全体の 3 分の 1 を占めていたとされる（朝日新聞 2011 年 4 月 25 日）。福岡県
田川市では、2010 年 3 月の市議会で、予算案を 1438 万円上積みする増額修
正を可決している。これは、私立小学校の 1 年生から 3 年生のクラスを 35
人以下にするための臨時講師 4 人の人件費を上乗せするための増額であり、
市長が反発していたにもかかわらず、修正されている（朝日新聞 2011 年 4 月 25
日）。

　神奈川県葉山町では、2011 年までの過去 3 年間で、首長提案のうち否決
が 8 件、修正可決が 4 件となっている。町議会議員によると「否決が増えた
のは反町長の議員が町長にケチをつけているだけ。建設的な議論の結果では
ない」と批判しているが、議会の活気が高まり、事務局の仕事量は増えてい
るとされる（朝日新聞横浜地方 2011 年 4 月）。また、議員提案による政策条例の
制定は、自殺防止対策に向けて取り組むとした「平塚市民のこころと命を守
る条例」など、神奈川県内では 34 議会のうち 6 議会に留まっている（朝日新
聞横浜地方 2011 年 4 月）。

　群馬県内では、2007 年 1 月から 2011 年 1 月までの修正可決及び否決の合
計本数は、富岡市 8 本、渋川市 7 本、前橋市 4 本、桐生市・安中市・みどり
市が各 2 本、6 市がゼロ本、東吾妻町が 26 本、草津町・邑楽町が各 4 本、
川場町 3 本、榛東村・板倉町が各 2 本、吉岡町・下仁田町・片品村・玉村
町・明和町・千代田町が各 1 本で、11 町村がゼロ本となっている（朝日新聞
群馬全県 2011 年 4 月 13 日）。35 市町のうち、ゼロ本は 17 市町村であるため、

5　なお、2011 年 1 月の議会アンケートでは 1797 議会から回答が得られている。

他の都道府県よりも活発に修正や否決を行っているといえる。しかし、群馬県では、2011 年 1 月から 2015 年 1 月までの 4 年間で、政策に関する議員提案条例を行ったのは、36 議会のうち、群馬県、草津町、みなかみ町の 3 議会のみであったとされており（朝日新聞群馬全県 2015 年 3 月 31 日）、議員提案条例は活発となっていない。群馬県の議員提案条例は、いずれも自民党会派所属の議員が提出しており、5 人以上の賛成者が条件であり、少数会派には厳しいとされる。

　長野県内では、2011 年 1 月までの過去 4 年間で、長野県や長野市などの 4 条例のみであり、他の 74 議会では 1 本も制定されていない（朝日新聞 2011 年長野全県 4 月 8 日）。しかし、千曲市では、2009 年に農業に関する基本条例を制定し、議員が自ら後継者問題などの現状を調べ、農業政策の考え方をまとめている[6]。事務局によると「ここでは昔から、議員同士で政策を競い合う風土が根付いている」としている（朝日新聞長野全県 2011 年 4 月 8 日）。

　福井県内では、2007 年 1 月から 2011 年 1 月までに首長が提案した議案を否決したのは、18 議会のうち 3 議会であり、福井県、敦賀市、高浜町となっている（朝日新聞福井全県 2011 年 3 月 11 日）。福井県議会は、2 人目の副知事を任命する人事案を不必要として否決し、敦賀市議会は、温泉施設の指定管理業者を民間委託する案を「もっと安い業者がある」として否決、高浜町議会は住民票などの発行手数料を値上げする案を否決している。また、住民の生活に直結する政策の条例を制定しなかったのは県内で 15 議会であり、8 割を超えていることが指摘されている（朝日新聞福井全県 2011 年 3 月 11 日）。

　京都府内では、2007 年 1 月から 2011 年 1 月までに、「3 ない議会」が 27 議会のうち 9 議会あるとされている（朝日新聞京都市内 2011 年 3 月 3 日）。議案の否決・修正が多かったのは舞鶴市であり、市民病院の赤字を補填する市長案を住民の理解が得られないとして否決している。京丹後市では、小中学校

6　「議会だより」（千曲市議会 2013）の第 43 号では、議員提案により、2006 年に「まちづくり基本条例」、2010 年に「食料・農業・農村基本条例」、2012 年に「男女共同参画推進条例」が制定されている。また、「パラリンピックの招致活動に協力する決議案」が可決されている。

の再配置計画を修正し、伝統工芸体験施設の運営を民間に任せる条例改正案を否決している。大山崎町では、水道料金をめぐって町長と議会の多数派が対立したとされる。

　新潟県内では、「3 ない議会」に当てはまるのが唯一、小千谷市議会のみであるとされている（朝日新聞新潟全県 2011 年 2 月 27 日）。その理由として、19 名の定数のうち、自民党系議員 14 名で「政策研究会」が設置されており、市長や副市長を交えて、こまめに予算案や条例案などをめぐる協議を非公開で行っているためであるとされる。

　また、新潟県内では、2011 年 1 月から 2015 年 1 月までの 4 年間で、政策的な議員提案条例を制定したのは、県と 30 市町村のうち、県と 6 市町村の 12 条例である（朝日新聞新潟全県 2015 年 2 月 27 日）。湯沢町では 2014 年、車が水たまりの水や雪をはね上げる「シッパネ」の被害に遭わないように、車のスピードを落とすことなどを定める「シッパネ被害根絶に関する条例」を制定している（朝日新聞新潟全県 2015 年 2 月 27 日）。

　愛媛県内では 2011 年 1 月から 2015 年 1 月の 4 年間で、首長が提案した議案を修正・否決しなかった議会は 21 議会のうち 11 議会に上っている（朝日新聞愛媛全県 2015 年 4 月 2 日）。県内の議会には、4 年間で 9262 件の議案が首長から提出されており、修正・否決されたのは 10 議会 24 件となっている。自民党県議は「修正・否決の必要がない成熟した議案が出されている。議員も県民の負託に応えるため慎重に審議している」と説明している（朝日新聞愛媛全県 2015 年 4 月 2 日）。

　香川県内では、2011 年 1 月から 2015 年 1 月までの 4 年間で、首長提案 6555 件、議員提案 157 件であった（朝日新聞香川全県 2017 年 3 月 24 日）。議会が修正可決・否決した数は、首長提案 25 件、議員提案 3 件の 0.4 ％に過ぎないとされている。議員提案による政策条例の成立は 2 件であり、丸亀市は 2011 年、産業振興条例を可決しており、善通寺市は 2013 年、廃棄物の処理及び資源の有効利用に関する条例を制定している。

　日本全国では、議員提案の政策条例は、2011 年 1 月から 2015 年 1 月までで 437 本であり、前の 4 年間より 194 本増えたとされている（朝日新聞 2015

年2月26日）。1本以上の条例を作った議会は266議会であり、107議会増えている。乾杯条例は70議会、歯の健康条例は38議会、がん対策推進条例は28議会、空き家対策条例は22議会が制定している。

　議員の政策条例については、環境保全の心構えを唱えるだけの宣言型や、先進自治体の条例を丸写ししただけのコピー型がほとんどであると批判されている（朝日新聞2011年2月12日）。他方で、福岡県新宮町の深夜花火規制条例（2010年7月施行）は、苦情をきっかけに、違反者からの5万円以下の過料を取る罰則規定が盛り込まれている。また、長崎県対馬市ではツシマヤマネコ寄付条例（2008年7月施行）が設けられており、2年半で366万円が集まったとされている（朝日新聞2011年2月12日）。こうした各地方議会の取り組みは、各地域において必要な政策条例が求められていることを意味しており、議員提案による立法機能の充実が必要である。次に、本章で用いる仮説の設定を行い、分析モデルを示す。

3　仮説と分析モデル

3.1　仮説の設定

　先行研究を踏まえて、議会改革の成果の検証を行うために仮説1を、党派性を検証するために仮説2を設定する。

仮説1：「議会改革は終了した」議会は、立法機能が向上している。

仮説2：保守系首長は、議会の立法機能を向上させない。

　仮説1は、「議会改革は終了した」議会において、立法機能に関する改革が行われていることを検証するものである。議会改革の組織形態は、4つの組織形態が存在している。1つ目は、「議会運営委員会」の案件として検討しているものであり、議会の中でも議事運営を担う「議会運営委員会」が主導するものである。2つ目は、「特別委員会」を設置して検討するものであり、特定の課題に対して常任委員会とは別に委員会を設置して検討するものである。3つ目は、議員のみで構成する「調査会・検討会」で検討するものであり、議会の中でも委員会以外によって進める組織形態である。4つ目は、上

述のもの以外の「常設の議会改革推進組織」を設置するものであり、議会が開かれる時期以外にも活動できる組織形態となっている。この他、既に議会改革の取り組みは終了したので、組織は解散しているという選択肢がある。この選択肢によって、既に議会改革が終了した自治体の成果を検証できる。

　仮説2は、自民党及び公明党の支持あるいは推薦がある保守系首長は、現状維持を志向することが予想されるため、立法機能を向上させていないことを検証するものである。特に、自民党の地方政党組織が地方自治体独自の政策刷新に消極的であることが指摘されていることから（伊藤 2002）、保守系を志向する自治体においては、立法機能において十分な改革が進んでいないものと考えられる。議会改革が進まない理由として、自民党の存在が指摘されており、現状維持を好む保守主義の考えが反映されていると考えられる。砂原（2015a）は、地方議会において、国政とのパイプを持つ自民党が重要であることを指摘しており、自民党系首長が当選する自治体では、議会多数派と対立することが少ないとしている。加えて、党派性に着目する理由として、地方自治体がいかなる政策選択を行ってきたかを考えるときに、知事の政治上の立場が重要な要素となるためである（曽我・待鳥 2007）。

3.2　分析モデル

　分析モデルの特定を行う。従属変数は、以下の4つである。第1に、「任意的議決事件を追加しているか否か」であり、追加している場合を1、追加していない場合を0としている。第2に、「議員による修正案の可決件数が1以上であるか否か」であり、1以上修正案が可決されている場合を1、修正案が可決されていない場合を0としている。第3に、「政策立案のためのパブリックコメントがあるかどうか」であり、ある場合を1、ない場合を0としている。第4に、「議会外において、政策立案のための特別な場を設置しているか否か」であり、設置している場合を1、設置していない場合を0としている。これらの変数はいずれも1か0の2値であるため、二項ロジスティック回帰モデルを用いて推定を行う。

　独立変数は、議会改革の組織形態、党派性、社会環境変数である。具体的

には、議会改革を示すものとして「議会改革は終了した」という変数に加え
て、議会改革を実施する際の組織形態の違いとして、「議会運営委員会」、
「特別委員会」、「調査会・検討会」、「常設の議会改革推進組織」を入れてい
る。本章で着目するのは、「議会改革は終了した」と答えている議会におい
て、立法機能を向上させる効果があるのかを検証することである。また、議
会改革を継続している自治体が多いため、議会改革を実施する際の組織形態
の違いに応じて、立法機能の効果がどのように表れているかを検証する。

　党派性については、保守系首長、革新系首長、革新系議席割合を入れてい
る。保守系議席割合を含めていない理由としては、社会環境を示す持ち家比
率と相関が見られるためである。ここで持ち家比率をモデルに含める理由は、
党派性に関する変数を多く含めるよりも、社会環境を示す文化的要因を含め
る方が、党派性に関する変数の過剰推定を防げるためである。

　その他の社会環境変数として、長野（2012）や Fukumoto（2008）を参考に、
対数議会費、第一次産業従業者割合、第二次産業従業者割合、持ち家比率、
政令指定都市、老年人口割合、課税対象所得、人口密度を入れている。

4　分析結果と解釈

　表 6-1 は、立法機能に関する二項ロジスティック回帰モデルの推定結果を
示している。「議会改革は終了した」場合、「任意的議決事件を追加」及び
「議員による修正案の可決件数 1 以上」が有意で 1 以上のオッズ比が得られ
ていることから、立法機能に関して一部、効果があるといえる。仮説 1 が全
面的ではないが、一部支持されるといえる。「パブリックコメントあり」及
び「特別な場を設置している」では有意となっていないため、「議会改革は
終了した」場合、立法機能に関して十分な議会改革がなされていないと考え
られる。

　議会改革の組織形態に関して、「特別委員会」による改革が行われている
場合、「任意的議決事件を追加」、「パブリックコメントあり」、及び「特別な
場を設置している」において、1 以上の有意なオッズ比が得られているため、

表 6-1. 立法機能に関する二項ロジスティック回帰モデルの推定結果

	任意的議決事件を追加		議員による修正案の可決件数1以上		パブリックコメントあり		特別な場を設置している	
	オッズ比	Robust SE	オッズ比	Robust SE	オッズ比	Robust SE	オッズ比	Robust SE
議会運営委員会	1.651**	0.365	1.127	0.415	1.599	0.649	2.653**	1.211
特別委員会	1.510*	0.355	0.992	0.356	2.228**	0.897	2.108*	0.949
調査会・検討会	1.515	0.401	1.039	0.384	1.569	0.927	2.785**	1.411
常設の議会改革推進組織	2.862**	1.232	1.751	0.789	1.232	0.901	3.964**	2.186
議会改革は終了した	3.890***	1.555	2.628*	1.317	1.583	0.861	0.865	0.686
保守系首長	0.975	0.182	0.535*	0.171	0.867	0.185	0.516**	0.163
革新系首長	1.002	0.272	1.084	0.448	2.505**	0.929	1.490	0.756
革新系議席割合	1.024*	0.013	1.054**	0.023	1.021	0.019	1.016	0.023
対数議会費	2.126***	0.403	1.504	0.410	1.308	0.350	3.559***	1.284
第一次産業従業者割合	1.198*	0.113	0.981	0.142	1.123	0.122	1.264**	0.144
第二次産業従業者割合	0.995	0.005	1.008	0.005	0.998	0.008	1.004	0.006
持ち家比率	0.987*	0.007	0.990	0.013	1.022**	0.009	1.010	0.015
政令指定都市	4.790*	4.218	1.470	0.986	3.860**	2.039	0.227*	0.204
老年人口割合	1.034	0.022	1.022	0.023	0.960	0.032	0.993	0.030
課税対象所得	1.000	0.000	1.000	0.000	1.000	0.000	1.000	0.000
人口密度	1.000**	0.000	1.000	0.000	1.000	0.000	1.000*	0.000
切片	0.000***	0.000	0.001*	0.004	0.001**	0.005	0.000***	0.000
n	771		730		764		771	
Wald chi2 (16)	80.350		36.090		54.790		34.440	
Log likelihood	−497.027		−274.927		−306.911		−228.264	
Pseudo R²	0.060		0.028		0.041		0.080	

(注) ***: p<.01, **: p<.05, *: p<.10 を示す。不均一分散に対応するため、47 都道府県でクラスター化した頑健な標準誤差を用いている。

立法機能への効果があるといえる。「議会運営委員会」の案件及び「常設の議会改革推進組織」で改革が行われている場合、「任意的議決事件を追加」、及び「特別な場を設置している」において、1 以上の有意なオッズ比が得られているため、一部、立法機能へ効果があるといえる。また、「調査会・検討会」で改革が行われている場合については、「特別な場を設置している」においてのみ 1 以上で有意なオッズ比が得られており、他の組織形態と比べて、十分な効果があるとはいえない。

保守系首長については、「議員による修正案の可決件数 1 以上」及び「特別な場を設置している」に対して、1 未満で有意なオッズ比が得られていることから、立法機能の強化にマイナスの影響を与えているといえる。これは

仮説2を一部支持する結果である。他方で、革新系首長は、「パブリックコメントあり」において1以上で有意なオッズ比が得られていることから、住民の意見を聞いて立法しようとする傾向がある。これは、住民参加に関する革新系首長及び革新系議席割合の効果と整合的な結果であるといえる。革新系議席割合に関しては、「任意的議決事件を追加」及び「議員による修正案の可決件数1以上」において、1以上で有意なオッズ比が得られており、立法機能を強化する方向に働く。

5　立法機能の捉え方と検証の課題

　議会が政策提案をする際、質疑を通して修正する方法、委員会として条例案を取りまとめる方法、議員個人や会派が独自の条例案を作成する方法など様々な手法があり、それに応じて軽い提案から高度な提案まで類型化することが求められると指摘されている（神原他 2015）。議会の立法とは、必ずしも条例を提案するだけでなく、首長提案の条例に対して修正を加えることも議会の立法活動の1つであるといえる。つまり、議会の立法活動とは、1から条例を作ってどれだけ議員提案をしたのかなど、条例提案数だけで捉えるのではなく、広い視点から捉えることで、より地方議会の立法機能の実態が見えてくるのである。

　本章においても、議会の立法機能を広く捉えて検証してきた。その結果、必ずしも地方議会で立法機能が弱いということではない。もちろん、改革の成果として不十分な点もあるが、少しずつ地方議会の立法機能は高まりつつあるといえる。今後、議会改革によって立法機能が高まっているとされる地方議会の事例研究を行うことで、その要因が明らかになる。本章においても、議会改革の組織形態の違いによって改革の成果が異なることも分かった。こうした改革の組織形態の違いが、なぜ立法機能の向上にも違いを生むのかについて、詳細な事例研究を行うことで立法機能を高めていくのに必要な改革方法を提言することが可能になる。

　また、それに加えて、立法機能を研究する際、地方議会を補佐する機関と

して、議会事務局の役割についても分析していくことが求められる。議会事務局の重要性を指摘する研究者は多いが、必ずしも実態と役割について十分な調査・分析が行われているとはいえない。議会の立法機能を高めるには、議会事務局にどのような役割が求められるのか、またどのような人材が必要なのかを明らかにすることで、議会事務局に対する改革論も併せて議論していかなければならない。

第 7 章

町田市議会の取り組み

1 経験主義に基づく議会改革

　地方議会改革は、新たな局面を迎えている。2006 年 5 月に北海道栗山町で制定された議会基本条例は、1 つのパッケージとして受け入れられ、多くの自治体で議会基本条例が制定された。2017 年 3 月時点において議会基本条例を制定している自治体は 797 に上り、44.6 ％ を占める（自治体議会改革フォーラム 2017）。地方議会では、議会基本条例を制定し、改革の目的、理念を明確にした上で具体的な議会改革が実施されているのである。この議会基本条例を制定するという手法に対して、経験主義に基づいて議会改革を行っている自治体として、東京都町田市が挙げられる。町田市の議会改革は、これまで行ってきた改革事項を精査し、絶えず改革を進めるものである。この町田市における議会改革は、議会基本条例をパッケージとして受け入れる手法とはアプローチが異なっており、既に行ってきたこと、行い得ることを検討していくことで、抜本的改革というよりも漸次的改革であり、経験主義であると町田市議会議長（当時）の吉田つとむ議員は指摘している[1]。この町田市が実施してきた議会改革は、議会基本条例を制定するアプローチと対比される主要なアプローチの 1 つであると考えられる。町田市の議会改革のアプローチは、従来と対極に位置するアプローチというのではなく、既存の自治体の改革動向をも視野に含めているため、周辺自治体や先進自治体の影響を受けており、動的相互依存モデルにより説明することも可能である（伊藤 2002）。

1　2017 年 10 月 16 日、町田市議会において行った吉田議長へのヒアリング調査に基づく。

地方議会において議会改革が始まって、10 年以上が経過している。議会基本条例が全国の地方議会へ波及し、改革の成果が表れている議会がある。その一方で、改革の成果が表れていない議会もあり、改革成果の度合いに差が生じてきているともいえる。本章では、こうした成果の差が、地方議会改革の進め方の違いによって生じていると考えている。

　地方議会では、「議会運営委員会」、「特別委員会」、「調査会・検討会」、「常設の議会改革推進組織」のいずれかの組織形態を選択して議会改革が検討・実施されている。したがって、地方議会改革は、どの組織を選択し、そこでどのように検討するかによって成果の差が生じているといえる。

　本章では、地方議会改革がどのような過程で実施されているかを明らかにすることを目的としている。具体的には、議会改革の成果が表れるにはどのように改革を進めていくべきか、また、促進する要因があるとすれば、それは何であるのかを町田市議会の改革の取り組みから分析する。

　町田市議会では、議会基本条例を制定せずに議会改革を実施しており、東京都内でも高い成果を挙げている議会である。また、改革を推進する組織として、主に「議会運営委員会」において議会改革が検討されているが、「特別委員会」も設置して議論がなされている。そのため、町田市の事例は他市と比べて特殊なものであるとも考えられる。ただ、都内でも高い成果を挙げているということから、なぜ改革がうまくいっているのか、その要因を分析しやすい事例であるともいえる。

　本章の構成は以下の通りである。まず、2. で議会改革の動向を確認し、3. では事例を分析する際の分析視角を設定する。そして、4. で町田市議会がどのように議会改革を実施してきたのかを分析し、町田市議会の事例からどのようなことが示唆されるのかを述べる。5. でこれまでの議論を締め括り、課題を述べる。

2　議会改革の動向と議会基本条例

　地方議会改革は、1994 年に地方制度調査会の地方分権の推進に関する答

中で議会活動の推進が求められ、1997 年に地方分権推進委員会の第二次勧告で議決事件の範囲の拡大、臨時議会の招集要件の緩和、議案提出要件・修正発議要件の緩和などが提示された[2]。そして 2000 年の分権改革が大きな転換点となった。国の機関として首長が委任されるという機関委任事務が廃止されたことにより、自治体の条例制定権が拡大した。2009 年の第 29 次地方制度調査会（2009）の「今後の基礎自治体及び監査・議会制度のあり方に関する答申について」において、自治体の責任領域が拡大することから、議会の自己改革の取り組みに加え、議決事件の追加、決算の認定などの監視機能の強化、議会制度の自由度の拡大といった方針が確認されている。

こうした地方議会改革を実施する中で、議会基本条例が全国の地方議会に波及している。しかし、条例を制定したことをもって議会改革の成果が表れているということはできない。地方議会によっては、実効性の伴わない基本条例も少なくないということも十分に考えられるからである。神原（2017）は、議会間格差が生じていることを指摘し、改革の先頭を走る先駆議会、議会基本条例は制定しても実行が伴わない居眠り議会、旧態依然の寝たきり議会に三分化されたと指摘している。その割合は、それぞれ 1 割、2 割、7 割と述べている。

本来、議会基本条例を策定すれば、それをもとに具体的な改革を実施していくことになる。しかし、議会基本条例を策定したが、具体的な取り組みが実施されていないケースもあるといえる。そのことを示唆している先行研究がある。生沼（2013）は、議会基本条例が制定されている地方議会ほど議会改革が進んでいると理解されているが、果たしてそれが正しいのかどうか検証する必要があると指摘する。つまり、議会基本条例を制定している議会が、改革の成果を挙げているのかどうかを検証する必要があるということである。

2　野村（1997）は、地方議会側からの改革事項として、地方分権推進委員会の第二次勧告と同様に、臨時会の招集要件の緩和や議決事件の追加、議案提案権の緩和などを制度面での改革事項に挙げている。他方で、運用面での改革事項として、一括質問方式から一問一答へ変えることや、詳細な発言通告により執政府の質問内容の照会禁止などを挙げている。

そこで、生沼（2013）は、2011年末時点において、議会基本条例を制定している北海道の18の議会を対象として、条例の内容や、その内容がどの程度実施されているのかを検証している。その結果として、①議会ごとに議会基本条例の条文の内容が異なること、②議会基本条例の項目ごとに運用実態を見てみると、条例に根拠規定があったとしても、改革実績が必ずしも伴っていないことが少なくないこと、③議会基本条例以外にも、自治基本条例や会議規則、申し合わせなどによって、各種取り組みを一定程度、実施している議会も存在することが指摘されている。したがって、条例の運用実態が伴っているのか、項目ごとに監視、確認することが必要であることも述べられている。

　このように議会基本条例が全国の地方議会へ波及している中で、議会基本条例が必ずしも改革の成果へと繋がっていないことが、先行研究によって示唆されている。

3　分 析 視 角

　2. で検討したように、全国の地方議会へ議会改革の取り組みが波及しているが、必ずしも議会基本条例を制定している議会において改革の成果が表れている訳ではない。

　それでは、どのような要因から、こうした地方議会改革の成果に差が生じているのだろうか。本書は、その要因の1つとして、議会改革の検討組織や進め方の違いが大きく影響しているのではないかと考えている。

　改革の組織形態が異なることは、以下の点の理由からも成果が異なってくると推測することができる。まず、構成メンバーによって、成果の違いが表れるということである。「議会運営委員会」は議員のみで構成されており、議員の意向が反映されやすいことが考えられる。その一方で、検討組織に学識経験者や住民が含まれれば、そうしたメンバーの意向も成果に反映されることになり、「議会運営委員会」による改革とは異なる成果が表れることが考えられる。

　他にも、開催の目的、頻度によっても改革の成果が異なってくることが考えられる。その議会がどのような目的で改革を進めているのか、また、どの程度の頻度で議会改革に関することが検討されているのかによって、成果の違いが出てくることが推測できる。

　本書では、こうした検討組織の違いによって、改革成果の違いが表れると考えている。町田市議会では「議会運営委員会」及び「特別委員会」による改革を行っているため、表 7-1 で示されている改革の成果が挙げられたかを検証する。

　「議会運営委員会」は、議会運営に関することを検討する場であり、議案に対する議員の賛否を公開することや、委員会記録の内容の公開といった透明化とともに、議員間討議や首長の反問権の導入など、討議機能の強化に寄与することが推論される。他方で、「特別委員会」については、組織設置の期間が限定されており、議会改革の成果としては十分に期待できないと思われる。ただし、「特別委員会」として、常任委員会とは異なる委員会が設置される以上、何らかの成果が求められると期待される。そうした期待に応じて、ある程度の成果を挙げるものと考えられる。「特別委員会」においては、議員の賛否の表明など透明性を図る改革は進みにくいと考えられる。その理由として、議会の運営に関することは所管として扱いにくいことに加え、議会の少数派が公開しようとした場合に、多数派が現状維持を志向し反対することが考えられるためである。反対の立場を表明しようとする少数派に対して、多数派は賛成する立場を有権者にアピールするインセンティブを持たな

表 7-1.　地方議会改革の組織形態とその成果の推論

	議会運営委員会の案件	特別委員会の設置
住民参加	○	△
透明性	○	×
定数と報酬	×	△
討議機能	○	△
立法機能	×	△

（出典）筆者作成。

いためである。

本章は、「議会運営委員会」を中心として議会改革の取り組みを行っている東京都町田市議会を事例として、どのように議会改革が進められてきたのかを分析する。そこで、事例を分析する上で、「いかに町田市の議会改革は進められてきたか」という問いを立て、以下の3点を分析の視角とする。

第1に、議会改革においてどのような因果メカニズムで改革の成果が表れているのかを明らかにする。これまで行われている議会改革の成果に関する定量研究として、長野（2012, 2017a）が挙げられ、そこでは、主に因果効果に焦点を当てられている。本書のこれまでの分析も定量分析によって、因果効果に焦点を当てて行ってきた。定量分析では、どのような因果メカニズムが働いて効果が表れているのかが明確ではない[3]。そのため、改革事例を過程追跡することで、因果メカニズムの説明を行うことにする。本章では、町田市議会が「議会運営委員会」を中心とし「特別委員会」を活用しながら、どのような過程で改革を進めているのかを分析していく。

「特別委員会」は、定期的に開催されていることから、一定の成果は得られていると考えられる。特に、「特別委員会」は、議員のみで構成されることから、討議機能については成果が得られやすいと考えられる。また、「議会運営委員会」の場合、透明性及び討議機能の向上が図られるといえる。ただし、両者とも議員のみで構成されていることから、定数や報酬といった自己改革はあまり進まないことも考えられる。

第2に、議会基本条例を制定していない議会でも、議会改革は可能であるのかを明らかにする。2006年以降、議会基本条例を制定する議会は年々増えている。しかし、生沼（2013）で明らかにされているように、必ずしも議会基本条例を制定している議会が、改革の成果を挙げているとはいえない。そのため、議会改革を進めていく上で、必ずしも議会基本条例を制定する必

3　政治科学（political science）では、King et al.（1994）が指摘して以降、因果関係を明らかにすることが目的とされてきた。こうした定量研究に対して、George and Bennett（2005）は定性研究の重要性を指摘し、過程追跡の必要性を指摘している。

要性はないといえる。むしろ、議会改革を運用面においても行う取り組みが必要であると考えられる。本章で取り上げる町田市議会は、議会基本条例を制定していない。そのため、議会基本条例を制定していない議会であっても、改革が成果を挙げているのかを検証する。

　第3に、定性研究を行うことにより、議会改革の組織形態だけでなく、議会改革の成果を挙げる要因が他にないのかを明らかにする。定量研究では、定量化できる要因に関して分析が可能である。ただし、定量化を行う際に概念が適切であったとしても、当該概念を示す代替変数が取り得ないものも存在する。そうした場合、定量研究では、変数無視のバイアス（omitted variable bias）が生じる。一方、定性研究では、定量研究で明らかになっていない要因を明らかにすることに長けている[4]。

4　町田市における議会改革

4.1　町田市議会改革の現状

　町田市は1958年2月に1町3村が合併し、東京都で9番目の市として誕生した。町田市の人口は42万8572人であり（2017年1月1日現在）[5]、首都圏の中核的都市として発展してきた[6]。首都東京の人口膨張に伴い、交通の便がよいため、住宅地として適している。町田市議会の定数は36人である。常任委員会の数は4つであり、総務委員会、健康福祉委員会、文教社会委員

4　定性研究では理論検証型の事例研究とともに、理論構築型の事例研究が存在しており、理論構築型の研究はグラウンデッド・セオリー・アプローチ（grounded theory approach）として確立されている（木下 1999）。グラウンデッド・セオリー・アプローチでは、概念の整理から理論構築を目的とするものであり、その際、質的な変数が新規に示される。

5　町田市「町田市の人口」。
https://www.city.machida.tokyo.jp/shisei/toukei/setai/matidasinojinnkou.html （2018年10月1日確認）

6　町田市は中核市の人口要件を満たしているものの、都との個別交渉により「保健所など市民生活に密着した事務は権限移譲を受けている」（企画政策課）として、中核市を目指していないとされる（日本経済新聞 2014年4月9日）。

会、及び建設委員会が存在している。それに加え、「議会運営委員会」、決算特別委員会、その他の「特別委員会」が設置されている。会派構成については、表7-2の通りである。2017年10月末時点での議員の平均年齢は47歳であり、36人のうち女性議員は9人で25％を占めている。

　町田市の地方議会改革の取り組みは高く評価されている。早稲田大学マニフェスト研究所議会改革調査部会ホームページ（2016）が発行している議会改革ランキングが参考となる[7]。早稲田大学マニフェスト研究所議会改革調査部会ホームページ（2016）は情報共有、住民参加、機能強化の3つの観点から評価している。①情報共有では本会議などの会議録や動画、政務活動費・視察結果の公開等が評価され、②住民参加では傍聴のしやすさ、議会報告会などの実施、住民意見の聴取等が評価され、③機能強化では議会本来の権限・能力を発揮するための機能強化状況等が評価される。このランキングにおいて、町田市は、一般市で9位となっており、情報共有1位、住民参加13位、機能強化56位となっている。東京都内では1位となっており、議会改革が進んでいると評価されている。したがって、町田市議会の議会改革は、先進的な事例であると考えられるのである。

　町田市議会では、「議会運営委員会」と「特別委員会」によって、議会改革が進められている。他議会では、1つの検討組織を立ち上げて実施される

表7-2. 2017年10月末時点での町田市議会の会派構成

会派名	人数
自民党	11人
まちだ市民クラブ（民進党・生活者ネットワーク・社民党）	9人
公明党	6人
共産党	4人
保守連合	4人

（注）町田市では2018年2月25日に町田市議会議員選挙が行われ、調査当時と会派構成が異なっている。
（出典）筆者作成。

7　2016年の調査では、1347議会から回答を得ている。

ことが一般的であると考えられる。

　また、町田市は、定数 36 人の大選挙区制を取っているが、議会の中で会派が機能しているといえる。多くの市町村議会では、大選挙区制を取っているため、無所属議員の割合が高まっている傾向がある。こうした無所属議員の場合、会派が形成されておらず、議会改革に対する関与は弱くなってしまう。その中で、町田市では 4 名の無所属議員が、保守連合として 1 つの会派を形成している。そのため、会派単位で「議会改革調査特別委員会」に委員が選出されており、議会改革に対して関与できている。

　町田市議会の議会改革の事例は、他議会の事例と比べて特殊性を持っているともいえる。こうした点を踏まえつつ、町田市議会の改革過程を見ていく必要がある。

　具体的な議会改革の過程について触れる前に、町田市議会で改革が実施されるようになった背景について述べる。その 1 つとしてあるのが、開かれた議会を実現することにある。特に、最も関心がある点は、住民が議会にどれだけ関心を持っているのかである。町田市では、住民意識について調査が実施されており、そこでは「あなたは、町田市の市議会に関心がありますか」という設問がある。そこで「関心がある」、「まあまあ関心がある」と答えている割合が最も多い年が 2009 年であり 49.2 ％となっている。他方で、最も低い割合となっている年が 2015 年の 33.8 ％である。

　他にも、「あなたは、市議会に関する情報を何で知ることが多いですか」という設問についても、「広報まちだ」、「町田市議会ホームページ」、「町田市議会だより」、「議員」の 4 つの選択肢がある。これについても「広報まちだ」で知る住民は、2007 年に 71.5 ％であったが、2016 年には 49.5 ％と低下している。また、「町田市議会だより」についても、2007 年に 52.7 ％であったのが、2016 年に 35.8 ％となっている。

　こうしたデータが示すように、近年、住民の市議会に対する関心が低下しつつあることに危機感を持ち、議会の中で積極的に改革が実施されているともいえる。その一方で、近年の傍聴者数を見れば、2014 年に 949 人であったのが、2016 年に 1243 人と増加している。町田市では、こうしたデータに

最も関心を持っており、住民に開かれた議会を目指して改革を実施しているのである。

4. 2 「議会運営委員会」と「議会改革特別委員会」による改革

　町田市議会では、「議会運営委員会」と「議会改革特別委員会」の2つの委員会によって、議会改革が推進されている。その中で、議会改革の改革事項については、「議会運営委員会」にて議題が設定されている。「議会運営委員会」の中で、他議会の改革の取り組み状況についての視察が実施された際、他市の議会が実施している改革を町田市でも取り入れるべきか、また、取り入れる場合はどうするべきかが、視察の度に議論が行われている[8]。したがって、町田市議会では、議会改革に関する議題について「議会運営委員会」で設定されていることになる。

　「議会運営委員会」で議題が設定され、その後、案件によって「議会運営委員会」がそのまま議論するケースと、「議会改革特別委員会」で議論するケースがある。「議会運営委員会」で議会改革に関する検討事項が提案され、それを全て「議会運営委員会」で議論していくことは不可能である。町田市議会では、改革の検討事項の一部分を「議会改革特別委員会」に振り分ける形で進められる。

　まず、「議会運営委員会」でどのような項目が検討されてきたのか、また、どのように検討がなされてきたのかを確認していく。

　主に、「議会運営委員会」で検討されていた項目を挙げると、①住民と議会の関わりに関する事項、②議会の情報提供に関する事項、③議会運営に関

8　他市の取り組みをそのまま取り入れるか、修正して取り入れるかについては、教訓導出（lesson-drawing）によって捉えることができる。教訓導出によって行われる政策対応としては、Rose（1991）は、①特定の政策をそのまま移転する「模倣」、②特定の政策を自国や地域の文脈に合うように修正して採用する「適合」、③政策手段に関してはある政府から、制度に関しては他の政府からといったように、2つの政府から政策要素を組み合わせていくという「合成」、④様々な政府の政策要素をもとに新しい政策を形成する「統合」、⑤他の政府での政策から新しい政策を形成する「刺激」という5つを挙げている。

する事項、④議会基本条例の 4 つが挙げられる。具体的な検討項目については、表 7-3 の通りである。このように、「議会運営委員会」では、こうした議会運営に関することを中心に検討されている。

　町田市では、「議会運営委員会」で議会改革の課題が設定されるなど、推進組織として中心的な位置づけにある。また、議長へのインタビュー調査において、議会改革を実施する際、「議会運営委員会」を活用した方が、改革が実施しやすいという回答を得ている。町田市の「議会運営委員会」では、「町田市議会だより」を作成していることから、会期中ではなくとも「議会運営委員会」が開催される。「町田市議会だより」の作成について、吉田議長は次のように述べている。

「議会運営委員会はずっとやっていますので、議会運営委員会は休会中も。

表 7-3.「議会運営委員会」における検討事項

検討事項	内容
住民と議会の関わりに関する事項	ア．議会報告会・議会懇談会・公聴会・参考人招致などの活用のルール化、イ．モニター制度・市民アンケート調査、ウ．夜間議会・青空議会・模擬議会・議場開放、エ．請願の意見陳述に際してヒアリングシート等の用意で当日来られなくても趣旨の補足説明ができるような仕組み、オ．陳情の取り扱い
議会の情報提供に関する事項	ア．議会だよりの編集・充実について、イ．議会ホームページの編集・充実について、ウ．ツイッター等のソーシャルメディアの活用について、エ．会派の情報公開について、オ．議長交際費の公開、議会の結果のプレス発表、カ．一部事務組合の報告
議事運営に関する事項	ア．一般質問及び質疑の通告書の工夫、イ．申し合わせ事項・会議規則の再確認、ウ．請願の紹介議員の役割の確認、エ．議員間討議・政策討論、オ．議会改革特別委員会の常設化、カ．行政側への説明・答弁の簡潔化と虚礼の廃止、キ．会議への配布資料、スライドや動画活用の規定、ク．服務規程、ケ．議場・委員会室に持ち込める備品・機器などの確認、コ．傍聴規則の再確認
議会基本条例	ア．議会基本条例の策定

（出典）町田市議会（2017）より筆者作成。

もともと、うちの場合はですね、議会だよりっていうのを出すのを、議運が丸々担当しているんですよ。だから、必ず終わったら、編集を担当しないといけないという問題がありますから、必ず会議を1回開くようになっているんですよね。それから、始まる前、議会が始まる前に今度の分を色々決めなくちゃいけない。会議とかそんなのをまあ市長から出てきた分とすり合わせしたやつを決定するということがありますから、もう自動的に2日間分は会議の外にある訳ですね」

（出典）2017年10月16日の吉田議長へのヒアリング調査より作成。

　このように会期外での「議会運営委員会」の活動が必ず2日以上確保され、日頃より他会派との話し合いの機会が持たれることとなる。また、メンバーが固定化されており、議会改革に関することもすり合わせが行いやすく、円滑に改革が実施できるということである。その他、「議会運営委員会」で決定した事項は、本会議へ報告するのみであり、改革を実施していく上で迅速な対応が可能であるということもある。この点、次に触れる「特別委員会」とは大きく異なる点である。「特別委員会」の場合、委員会で決定した事項は本会議において改めて議決する必要がある。

　こうした事柄が検討され、議会改革が実施されているのである。その中で、議会の透明性や討議機能の強化の取り組み等について挙げれば表7-4の通りである。「議会運営委員会」では、こうした議会の透明性及び討議機能の強化に関することの大きな成果を挙げているといえる。

　常任・特別委員会のインターネット中継を行うこと等、議会の透明化を高める取り組みは、2012年に新庁舎への移転があったからこそ、進められたともいえる[9]。議会中継のシステムを導入するための費用がかかることや、議場やカメラの配置といった問題もあり、旧庁舎では難しかったものと考えられる。また、新庁舎より電子表決（押しボタン式）を導入したことから、個

9　町田市議会の新庁舎には親子傍聴室が設置されており、小さい子供連れであっても傍聴できるように配慮がなされている。

表 7-4. 議会の透明性及び討議機能の強化

①新庁舎より、本会議場において電子表決を行うことを決定（2010 年 7 月 16 日、議会
　運営委員会）

②新庁舎より、常任・特別委員会のインターネット中継を行うことを決定（2010 年 8
　月 25 日、議会運営委員会、2012 年 9 月定例会から開始）

③新庁舎より、個人の表決結果を公表（2010 年 12 月 1 日、議会運営委員会）

④一般質問の開催日数を 4 日間から 5 日間にすることを試行（2012 年 4 月 16 日、議会
　運営委員会）⇒ 2013 年より 5 日間に決定（2013 年 7 月 18 日、議会運営委員会）

⑤議員間討議を委員会の請願審査に導入（2012 年 11 月 29 日、議会運営委員会）

⑥スマートフォンでの議会中継視聴の開始・ホームページで声の議会だよりを聞けるよ
　うにした（2015 年 3 月 12 日、議会運営委員会）

⑦政務活動費収支報告書をホームページ上で公開（2015 年 4 月 2 日公開）

⑧傍聴者の一般質問資料の閲覧（2015 年第 2 回定例会から）

⑨政務活動費収支報告書を町田市議会だよりで公開（2015 年第 3 回定例会から）

⑩政務活動費に関する領収書をホームページ上で公開することを決定（2015 年 12 月 22
　日可決、2016 年 10 月 17 日ネット公開）

⑪政務活動費の会計帳簿をホームページ上で公開することを決定（2017 年 7 月 20 日、
　議会運営委員会決定、8 月 28 日に本会議報告）

（出典）町田市議会（2017）より筆者作成。

人の議案への賛否を明確に示されるようになったといえる。

　また一般質問の開催日数を 4 日間から 5 日間に 1 日増やす取り組みがなされている。これは全ての議員が質問を行うことで、住民に対して模範となるような姿勢を示している。質問を行わない議員は、次回選挙で落選する恐れがあり、議員は活発に質問を行っている。さらに、町田市議会では、議員の質問時間を 60 分にすることで、スケジュール管理を分かりやすくし、傍聴者が誰の質疑が何時からか分かるようになったことが利点として挙げられる[10]。質疑と答弁の時間をカウントする往復方式により、追及が弱まるのではないかという懸念があるが、吉田議長は、もし疑問が残っている場合、次

10 「町田市議会申し合わせ事項」において「一般質問の発言については、回数の制限はなく、1 人 60 分の範囲内で行ない、答弁者の発言はこれに含める」と規定されている（町田市議会）。

回に質問すればよいため、追及が弱まる訳ではないとしている。むしろ、質問の回数制限をなくしたことにより、議会による追及が強まるものと考えられる。

次に、「特別委員会」では、どのようなことが検討されているのか見ていくことにする。「特別委員会」では、「議会運営委員会」で議題として設定された改革事項の一部を検討している。1999 年から 2001 年の間には、「町田市議会の改革に関する調査特別委員会」、2006 年から 2009 年には「議会改革調査特別委員会」、2011 年から「町田市議会改革調査特別委員会」が設置されている[11]。この「特別委員会」において、2006 年から 2015 年まで検討された事項についてまとめたのが図 7-1 である。

「特別委員会」では、会期、年度によって議題が特定されているといえる。例えば、2011 年から 2013 年の間では議員定数・報酬、期末手当について、2007 年、2015 年には政務活動費について議論されている。そのとき、議会にとって優先的に対応すべき議題の一部が、このように「特別委員会」において議論されていることになる。

町田市の「特別委員会」では、政務活動費などの議員個人や会派の政務調査活動に関すること、自治法の改正による対応などを中心に議論がなされている。また、「特別委員会」は、閉会中も審査が行われており、開催頻度は高い。そのため、「特別委員会」によっても、一定の改革成果が表れているといえる。

また、町田市議会では、無所属議員も会派が形成されていることから、「特別委員会」に委員として議会改革に関与できている。そのため、「特別委員会」では、会派ごとに意見を集約し、多くの議員の考え方が反映されながら改革が実施されている。

そして、「特別委員会」で検討され改革が行われた事項として、①自治法の改正に伴う対応事項、②議員の調査活動に資する事項（議員活動の情報共有

11　2010 年と 2014 年は、市議会議員選挙の年であるため、議会改革調査特別委員会は設置されていない。

(回)

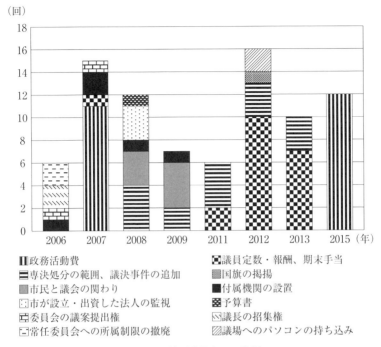

図 7-1. 特別委員会での議題
(注) 一括審議されている場合は、中心的な議題をカウントしている。また、委員長の選
　　　任についてはカウントしていないため、委員会開会回数とは一致していない。
(出典) 町田市議会「第 15 期町田市議会改革調査特別委員会」、「町田市議会改革調査特別
　　　委員会」、「議会改革調査特別委員会」議事録より筆者作成。

や省力化・文書の電子化、政務調査費ハンドブックへの追加事項、リファレンス・資料要
求等、調査ツールの明確化)、③議会の権能強化に関する事項 (議決事項の拡大、
外郭団体への監視機能、専決処分に関する範囲の明確化、専門的知見・外部機関の活用)、
④議員の身分に関する事項 (議員倫理の再確認、新人議員研修会) がある (町田市
議会 2017)。「特別委員会」では、自治法改正への対応や議決事件の追加と
いった法的な問題を中心に扱っているといえる。その面において、一部、立
法機能の強化が図られているといえる。

　「特別委員会」における改革の一例として、請願者の議会での意見陳述が
挙げられる。町田市議会では 2009 年 6 月 23 日に委員会提出議案として「証

人等の実費弁償に関する条例の一部を改正する条例」が可決された。静岡市の取り組みの事例を踏まえて、住民が議会に参加できる仕組みを導入したといえる。請願者に対して、実費弁償として交通費程度の日当1000円が支給される。このように「特別委員会」による改革によって、議会への住民参加も推進されている。

4.3　議会事務局の体制と関わり

　議会改革の過程を見ていく上で、議会事務局の体制と関わり方についても触れておきたい。議会事務局に関する研究として長野（2015）が挙げられる。長野（2015）は議会事務局の新しい補佐機能として、仲介機能の重要性を指摘している。議会事務局は党派に立脚していないため、中立性を持ち、住民と議会を繋ぐアクセスポイントになるとされる。また、大森（2017）は、議会事務局の職員体制は自治体によって異なっているが、充実していないことを指摘している。その要因として、首長に予算編成権を専属させ、議案提出権を与え、必要に応じて議会審議への出席を認めている体制のもとでは、事務局に多くの職員を配置する必要はないことを挙げている。このように議会事務局については重要性が指摘されながらも、首長の権限が強いため、軽視されてきたといえる。

　このように議会事務局職員が充実していないとされる状況の中、町田市議会の事務局は、2017年10月現在、正規職員が17名、嘱託職員が1名の計18名の職員体制で職務が遂行されている[12]。その中で、10年以上所属する職員が2名存在している。自治体職員は、頻繁に人事異動があり、ジェネラリストを育成する傾向にあるが、町田市の議会事務局の一部の職員は、スペシャリストが育成されているといえる。そのため、町田市議会では、地方議会に関する専門的な知識を持つ職員が事務局におり、議会が改革を実施する

12　全国市議会議長会（2017b）の「市議会議員の属性に関する調：平成29年8月集計」によれば、人口規模30万人から40万人の議会事務局の平均職員数は16.1人、人口規模40万人から50万人であれば18.0人となっている。人口約43万人の町田市では、職員数は平均程度であると考えられる。

際のサポート体制が整えられている。

　また、議会事務局が議長の指導のもと議会ホームページを管理しており、現在、議会で論議されている議題や、住民に必要な議会情報を常に更新を行っている。ホームページの管理に当たっては、町田市の住民に議会について関心を持ってもらえるように配慮されている。議会事務局としても、議会の透明化に関して強い意識を持っており、住民に対する情報提供については積極的に実施している。例えば、町田市では2011年10月より議案のカルテを作成しており、議会の審議・審査内容をインターネット上で適宜公開している[13]。加えて、民間路線バスやコミュニティーバスにおいても、「市議会を開きます」ポスターの掲示を行っている。このように事務局は、積極的に広報活動を行い、議会傍聴者を増やすことに努めている。

　町田市の議会改革における事務局の関わり方としては、あくまでも議会、議員をサポートすることであり、改革を先導するようなことではないのである。他市の議会改革の取り組み状況などの情報を収集するなど、高い情報収集能力によって議会改革が円滑に進むように議会をサポートするのが議会事務局の主な役割となっているのである。

4.4　まとめと事例からの示唆

　本章の研究の問いとして、「いかに町田市の議会改革は進められてきたか」を設定した。この問いに対して、経験主義の改革が作用したこと及び議会事務局の補佐機能が作用したことを答えとして挙げる。町田市では、「議会運営委員会」を中心として議会改革が実施されており、特に、議会の透明性や討議機能の強化という点において成果が表れていた。「議会運営委員会」は、「町田市議会だより」を作成することから、会期中以外も開催されることが多いといえる。また、「議会運営委員会」での合意形成が容易であ

13　議案のカルテについては議長の決定により行われている（町田市議会 2018）。この議案のカルテについては、通常、議会報告会で説明される内容であることを2017年10月5日の町田市議会事務局へのヒアリング調査で確認している。

ることや、本会議での議決が不要であったという点からも、円滑な改革が実施できたといえる。したがって、今回の町田市議会の事例から、「議会運営委員会」を中心として改革を実施すれば、議会運営に関する透明性や討議機能の強化について一定の成果が得られることを確認することができた。

　また、町田市議会の特徴を挙げれば、議会基本条例を制定せず、議会改革を実施している点である。本章において明らかにしたことの1つとして、町田市議会の事例を踏まえれば、必ずしも議会改革の成果を得るために議会基本条例は必要ではないということである。先行研究で明らかにされているように、議会基本条例を制定している議会では、必ずしも成果を挙げているということはなかった。町田市議会の事例は、最初に改革理念を掲げて抜本的に改革を実施するのではなく、議会基本条例を制定せず、既に行ってきたこと、現実として改革が行いやすいところを優先的に実施してきた取り組みの積み重ねであるといえる。

　町田市議会のスタンスとしては、これまで積み重ねてきた改革成果を踏まえた上で、議会基本条例を制定することはあるかもしれないが、2017年10月時点において条例を制定する予定はないということである。議会基本条例を制定せずに、議会改革を実施する地方議会の例はあまりないと思われる。ただし、この事例から、議会基本条例がなくとも、議会内の議員や、議会事務局の職員が議会改革の理念や目的が共有できていれば、改革を実施していくことが可能といえるのではないだろうか。この点が今回の町田市議会の事例からの大きな示唆であるといえる。

　他にも、議会改革を実施する際、議会事務局のサポートが重要であることも事例から示唆される。町田市の場合、10年以上にわたり議会事務局に所属する職員がいることなど、議会に関する知識を熟知する職員が大きな役割を果たしているといえる。議会改革を実施する上で、議会の事情を熟知する職員は重要な存在ではないだろうか。議会改革の成果を挙げるには、やはり事務局機能についても併せて議論していくことが必要である。

5　町田市議会の改革の成果

　本章では、以下の3点を明らかにした。第1に、町田市議会がどのように議会改革を実施してきたのか、その過程を明らかにした。「議会運営委員会」を中心とした改革は、透明性や討議機能の強化に関する成果が出やすいと予想した。その予想通りの結果が過程追跡より明らかになった。町田市の事例を踏まえ、「議会運営委員会」による改革は、透明性及び討議機能の強化に資することが明らかとなった。また、「特別委員会」による改革は、一部の立法機能や住民の議会への参加を強化していたといえる。

　ただし、「特別委員会」による改革は「議会運営委員会」よりもやや進みにくいと考えられる。その理由としては、「議会運営委員会」による改革は、委員会での議決を経ずに、会派間での協議・同意を得た後に、本会議に報告することによって進められるためである。Strøm（1998）は、委員会を権力分散システムと捉えており、政党間で協調し、取引を行う機関であるとしている。これは委員会に本会議の権限が移譲されることにより、少数会派の影響力を高めているといえる。「議会運営委員会」では議決を経ないことにより協調が促進されることに対して、「特別委員会」では議決が必要となるため、少数会派の賛成が求められることに加え、議事録が作成されることから、慎重に改革を進めていると考えられる。「議会運営委員会」と「特別委員会」の性質の違いによって、改革の進みやすさに違いが表れるものと考えられる。

　第2に、議会基本条例の制定は議会改革にとって、本質的に重要なものではないことが明らかとなった。町田市の事例のように議会基本条例を制定していなくとも、十分に改革を進めることができるといえる。議会基本条例の制定は、運用面での実態を伴わなければ、形だけの議会改革であるといえる。町田市では議会基本条例を制定しないからこそ、行動を伴う実質的な改革となっているといえる。

　第3に、議会改革の成果を挙げる要因として、議員の平均年齢が若く女性

議員が多いことに加え、議会事務局職員の補佐が挙げられる。事務局の職員がスペシャリストとして、議会の改革を補佐し、積極的に情報公開を進めることで、議会の傍聴者数が増加しているものと考えられる。議員、議会、議長、事務局職員という各アクターが連携し、議会改革を推進しようとする姿勢が成果として表れているといえよう。また、本来的には、議会事務局職員は執政府からの独立性を確保するために、独自採用を行うことが望ましい。議会事務職の採用区分を分けて、採用を行うことは可能であるとされる（高沖 2018）。二元代表制を機能させるためには、職員のレベルにおいても執政府と距離を保つことが求められるといえる。

　事例研究の課題として、町田市議会の事例は、いくつかの点で特殊性を持っている可能性がある。「議会運営委員会」と「特別委員会」を併用して改革を実施しているところは必ずしも多くないと思われることや、無所属となり得る議員でも会派が形成されていることである。会派間で取り決めを行う際に、一度会派に持ち帰り、再度協議した上で改革に取り組むという進め方は、会派が議会内で役割を果たしている中規模以上の人口規模がなければ、機能しないことも考えられる。

　町田市議会における議会改革の課題として、立法機能の強化が求められることを吉田議長は述べている。執政府に対して制約をかけるほどの実効性のある議員提出議案を研究し、制定できることが立法機関として求められているとしている。議員提案条例については、「議会運営委員会」及び「特別委員会」による議会改革を推進しているからといって、制定が可能になるものではないと考えられる。議会が執政府と対立し、二元代表制を機能させる意思を示し、議員及び職員が協力した上で、政策を立案していくことが求められる。

　今後の課題として、「議会運営委員会」によって改革を実施している他市の事例との比較研究を行っていくことが必要である。また、他の組織形態を採用している事例も研究していくことが必要である。例えば、常設の検討組織を設置している議会では、外部の専門家等も加わって検討されている可能性があることから、今回の過程とは異なる形で改革が実施されていることが

十分に考えられる。もちろん、改革成果の表れ方も異なってくるであろう。
加えて、複数の事例を調査し、比較研究を視野に入れながら研究を行ってい
く必要がある。こうした研究を実施することで、議会改革の進め方について
現場に対して何らかの示唆を与えていくことが可能となる。

終　章

議会の機能強化に向けて

1　本書の知見

　本書は、市町村レベルのデータを用いて、地方議会改革の検証を行い、その成果を明らかにしてきた。本書の目的は、第1に地方議会改革の組織形態により成果に違いがあることを示すものであった。検証の結果、①「議会運営委員会」、②「特別委員会」、③「調査会・検討会」、④「常設の議会改革推進組織」という組織形態の違いにより、成果に違いが見られることが明らかとなった。

　表8-1は、議会改革の組織形態と成果の違いを示している。「議会運営委員会」により改革を進める場合、「住民参加」、「透明性」、「討議機能」が高まるといえる。これは「議会運営委員会」が議事運営を担っており、これらの改革を進めやすいためである。本書では、町田市議会の事例について分析したが、「議会運営委員会」を中心に改革の成果が挙がっていた。「議会運営委員会」は、委員会の中でも議事運営を中心に話し合う場であり、討議のあり方や議会の透明化について議論しやすい場であるといえる。また、「特別委員会」とは異なって、本会議での報告のみで改革が実施できることなどを考えれば、リーダーシップを持って改革に取り組める組織形態であるともいえる。

　「常設の議会改革推進組織」を採用すれば、「住民参加」、「定数と報酬」、「討議機能」が強化され、「透明性」及び「立法機能」は半分程度、高まるといえる。定数及び報酬の見直しについては、「常設の議会改革推進組織」による改革が最も成果を挙げていた。「常設の議会改革推進組織」は、議会基本条例の規定によって設置される組織である。「常設の議会改革推進組織」

表 8-1. 議会改革の組織形態と成果の違い

		議会運営委員会	特別委員会	調査会・検討会	常設の議会改革推進組織	議会改革は終了した
住民参加	実際に議会内での請願・陳情があり	○	×	×	○	○
	公聴会あるいは参考人招致を行った	×	×	×	×	×
	議会と住民の対話の場	○	○	○	○	○
透明性	会議の公開条例	○	×	×	○	○
	傍聴者への資料の提供	○	×	○	○	×
	会議資料の公開	○	×	○	○	×
	委員会記録の内容の公開	○	×	×	×	○
	議案に対する賛否の公開	○	×	○	○	○
定数と報酬	議員定数の削減の有無	×	×	○	○	○
	議員報酬の削減の有無	×	×	○	○	×
討議機能	一問一答の導入	○	×	○	○	○
	首長の反問権を認めている	○	×	○	○	○
	実際に反問権を用いたか	○	×	○	○	×
	自由討議規定あり	○	×	○	○	○
立法機能	任意的議決事件を追加	○	×	○	○	○
	議員による修正案の可決件数1以上	×	×	×	×	○
	パブリックコメントあり	×	○	×	×	×
	特別な場を設置している	○	○	○	○	×

（出典）分析の結果より作成。

の事例について本書では分析できていないが、常に設置されている組織であるから、継続して定数及び報酬のあり方について議論しやすい環境であるとも考えられる。議員の定数や報酬に関する議論は、短時間で結論が出るような議題ではない。その自治体の人口規模や住民の意見を議会に反映していくには、どの程度の議員数が必要か、また、議員の役割、職務を考えればどの程度の報酬が適切なのかといった様々な観点からあり方を検討していく必要がある。したがって、こうした定数及び報酬といった議題は、時間をかけて議論する必要があり、「常設の議会改革推進組織」で扱うことに適しているのではないだろうか。

　「特別委員会」の組織形態を採用すれば、「立法機能」は高まるが、「透明

性」及び「住民参加」は高まらないといえる。それ以外の機能については半分程度、向上するといえる。「調査会・検討会」の組織形態を採用すれば、「立法機能」は高まらないが、それ以外の機能は半分程度、向上するといえる。

　こうした検証結果を見れば、それぞれの組織形態の違いによって、生じる成果に違いがあることが分かる。さらに、全体の成果を見れば、「特別委員会」や「調査会・検討会」よりも、「議会運営委員会」、「常設の議会改革推進組織」の方が改革の成果が表れている。前者の「特別委員会」や「調査会・検討会」は、組織が常設ではなく、改革を検討、実施する際に臨時に作られる組織であるといえる。一方、後者の「議会運営委員会」や「常設の議会改革推進組織」の場合、常に議会内で設置されている組織であり、継続して議会改革について検討、実施されていると考えられる。今後、「特別委員会」や「調査会・検討会」で改革を実施している事例と詳細に比較検討していくことが必要であるが、議会改革を実施する際、「議会運営委員会」や「常設の議会改革推進組織」の組織形態を選択した方が改革の成果が期待できるといえる。

　これらの成果の違いより、今後、各自治体において不十分な機能を改善するための形態の選択が可能となる。

　第2に、党派性モデルにより、首長及び議会構成が議会改革の成果に影響を与えていることが明らかとなった（表8-2）。分析の結果、保守系首長は議会改革の促進となるよりも、足枷となっているといえる。特に「立法機能」や「討議機能」については、現状維持を志向する傾向があり、改革の阻害要因となっている。他方で、革新系首長の影響力はほとんどなく、一部議案に対する賛否の公開や政策形成のためのパブリックコメントにプラスの影響を与えているに留まっている。しかし、革新系議席割合については、「透明性」及び「立法機能」の改革にプラスの影響を与えている。これは保守系の国政に加えて、保守系の議員が多い地方議会が多数を占める中で、議会の「透明性」や「立法機能」を果たすために、現状維持ではなく改革志向である姿勢が表れているためである。

表 8-2. 党派性モデルの改革への影響

		保守系首長	革新系首長	革新系議席割合
住民参加	実際に議会内での請願・陳情があり	×	×	×
	公聴会あるいは参考人招致を行った	×（−）	×	×
	議会と住民の対話の場	×（−）	×	○
透明性	会議の公開条例	×	×	○
	傍聴者への資料の提供	×	×	×
	会議資料の公開	×	×	○
	委員会記録の内容の公開	×	×	×
	議案に対する賛否の公開	×	○	○
定数と報酬	議員定数の削減の有無	×	×（−）	×
	議員報酬の削減の有無	×	×	×
討議機能	一問一答の導入	×（−）	×	×
	首長の反問権を認めている	×（−）	×	×
	実際に反問権を用いたか	×（−）	×	×
	自由討議規定あり	×（−）	×	○
立法機能	任意的議決事件を追加	×	×	○
	議員による修正案の可決件数1以上	×（−）	×	○
	パブリックコメントあり	×	○	×
	特別な場を設置している	×（−）	×	×

（注）効果があれば○、なければ×、負の効果があれば×（−）をつけている。

　こうした党派性モデルは、議会改革を考える重要な要素である。今後、議会改革の成果を検証する作業においてはこうした要素を考慮する必要がある。地方議会の間で改革成果に格差が生じているのは、前述した検討組織の違いによるものだけでなく、こうした党派性も大きく関係していると考えられるのである。

　第3に、事務局機能については不十分な検証に留まったが、町田市議会の事例研究より、重要性を明らかにした。町田市議会では、事務局が積極的に情報公開を進めており、コミュニティーバスへの広告を出していることが明らかとなった。これは住民と議会の間を取り持つ行為であり、積極的な情報公開により、住民が関心を持ち、監視機能を高めることに寄与している。町田市議会の事務局職員は 18 人（町田市の人口約 42 万人）と比較的多く、10 年

以上のキャリアを持つ職員が 2 人いたことが背景として存在している。専門性を持った職員が多く存在することで、議会改革の補佐を担い、情報公開を行っている。こうした議会事務局の影響力は、定量的に測定が難しいものであるが、改革には欠かせない要因であるといえる。

2　政策的含意

本書の目的は、これからの議会改革の方向性を示すことにある。地方議会改革は、議会が持つ機能を高めて執政府に対して対抗・牽制できる存在になることが目的である。そして、改革を実施する際、議会の現状分析を実施し、どのような議会へと改革していきたいのか、具体的なビジョンを提示することが必要であるといえる。それぞれの地方議会において抱える課題や議員の会派構成など、現状は様々である。その中で、議会の機能を高めていく問題解決型の政策思考が求められる。

真山（2001）は、地方自治体の政策形成において問題を分析して、その問題がなぜ起きているのか、その原因を明らかにし、根本的に問題を解決するための政策、解決策を提示することが重要であると指摘している。問題の原因が明らかとなれば、それを解決するための方針を定め、その方針をもとに具体的な解決策を提示していくことになる。

地方議会の改革においても、こうした問題解決型の政策思考を踏まえて実施していくことが必要ではないだろうか。議会の現在の状況を分析し、どのような機能が不足しているのか、また、今後どのような議会にしていきたいのか、その方針を示してから改革の取り組みを実施していくことになる。本書で取り上げた町田市議会の場合、住民の議会に対する関心が低く、こうした状況を問題として捉えていた。その中で、住民に開かれた議会を目指して改革が実施されたのである。その際、「議会運営委員会」という組織形態を選択し、議会の透明性や住民と議会の関わりについて具体的に検討が行われていた。

そして、本書の研究成果を踏まえ、その問題解決の方針を実施するために、

どの組織形態を選択することが改革を進めやすくするのか、また、成果が出やすいのかについて考えていくことが必要である。本書の検証結果から、改革を検討する組織形態の選択も重要であり、それはどのようなメンバーがその場に参加するのか、どのような議題が扱いやすいのかを考えることになる。

江藤（2016）では、第2ステージとして、議会からの政策サイクルの構築により、「住民の福祉向上につなげる」ことを指摘している[1]。これまでの議会改革を踏まえて、その成果として、住民福祉が向上されなければ、議会改革を行った真の意味がないという訳である。地方議会改革によって、議会から政策サイクルを回し、住民の福祉向上に繋げていくことが求められる。議会は立法機能、討議機能、監視機能に加えて、正統性付与機能や代表機能があり、住民の代表として活動していくことが求められる。議会としての機能を発揮することを通して、よりよい自治が達成されていくと考えられる。

3 　課題と展望

3.1 　分析上の課題

分析上の課題として、第1に、動的相互依存モデルの検証を十分にできていない。地方議会改革の普及には、近隣自治体や同規模人口の自治体の取り組みを模倣し、取り入れるかどうかを検討することになる。議員が関心を持った議会に視察を行い、そこから議題に載せ、取り入れられるか検討される。議会によっては修正されることもあれば、当該議会には馴染まないものとして見送られることもある。こうした動的相互依存モデルは、どのような改革を取り入れるか、どこの議会の取り組みを模倣するか、定量分析で明らかにすることは困難である。町田市の事例では、静岡市の事例を模倣して、参考人招致として住民が委員会で発言できるようになったことを示した。地

1　江藤（2016）は、栗山町議会基本条例の制定により、「住民と歩み、議員間討議を行い、首長等と政策競争する議会」という新たな議会像が提示されたことを第1ステージとして指摘している。

方議会における議会改革は、政策学習という点から、多くの自治体・議会・議員と交流し、水平的競争モデルによる説明が可能であると考えられる[2]。

　第2に、事例研究により、因果メカニズムについて十分に明らかにできたとはいえない。町田市における事例研究を扱ったものの、「調査会・検討会」、「常設の議会改革推進組織」、「専門家・住民を含む組織」についての事例研究を行えていない。これらの組織形態により議会改革を進めた場合に、どのような因果メカニズムで成果が生まれるのかについては、さらなる検証が求められる。また、同一の組織形態の改革の進め方であったとしても、異なる成果が得られる可能性がある。議会改革の組織形態だけではなく、党派性やその他の要因の統制できていない変数により成果が異なることが考えられる。

　第3に、中小規模の自治体と大規模の自治体を二分割して分析を行っていない。新制度論の観点から、制度の選択に人口規模が影響している可能性があり、中小規模と大規模の自治体で分けて分析する必要もあると考えられる。本書の狙いは、組織形態の違いにより成果が異なるかを明らかにすることであるため、人口密度をコントロール変数として扱うことに留まっている。単純な二分論がよいとは考えられないが、人口規模に応じた改革の進め方を検討することも必要といえる。

　第4に、構成概念妥当性の問題がある。本書で用いた成果指標は、分析可能な指標を用いたものであり、異なる指標で検証する必要がある。特に立法機能については、議員提案条例の提出件数や可決件数などが実質的な立法機能を構成する指標と考えられる。現状の議員提案条例の数は少なく、定量分析を行うには十分な数ではなかったため、分析できていない。議員定数及び報酬の削減については、増加も含めて改革の成果として捉えるべきであり、

2　水平的競争モデルは、各自治体は自律的に行動し、競争していると考えるものである（村松 1988）。他方で、垂直的行政統制モデルでは、国が統制を利かせ、自治体は画一的であると考えられる。地方自治体間の政策競争については、足による投票モデル（よりよい福祉が提供される自治体に住民が移動する）やヤードスティック競争（他の地域よりもよい公共財が提供されていると考えられれば首長を再選させ、悪いと考えられれば落選させる）が存在し、田中（2013）によって、地方自治体における戦略的相互依存関係の実証研究が行われている。

不十分な分析に留まっている。また、政務活動費を分析対象に含めることができていない点も挙げられる。政務活動費については、不正使用問題が起こり、議員が使途の明細書などを公開する動きとなっている。議会によってはそもそも政務活動費がない自治体もあり、金額や運用の仕方も多様となっている。多くの指標を取ることができるため、整理を行い、さらなる検証が必要といえる。

3.2 地方議会の課題

他方で、分析上の課題だけでなく、今後の地方議会のあり方を考える上での課題も残っている。地方分権改革以降の地方議会の裁量が大きくなったといっても、地方議会のできることには限界がある。長野（2017b）は、議会改革には自治法を改正しなければできないこと、改正してもできないこと、改正しなくてもできることに分けて考えることを指摘している。本書の分析対象は、地方議会のできる範囲内での改革の取り組みであり、自治法改正も含めた地方議会のあり方を考えることが求められる。

地方議会選挙制度のあり方や地方議員のなり手不足を解消するための方策なども十分に検討できていない。地方議会選挙は大選挙区制であり、無所属議員が当選しやすい制度となっている[3]。住民が選挙において、投票を行う際に、議員の経歴や所属政党、マニフェスト、人柄といったことを考慮するが、無所属の候補者全ての情報を入手する労力が大きいため、政党に基づいて投票することもあると考えられる。地方議会において、党派性をどこまで用いるべきかについては、定かではないが、選挙制度の見直しも考慮する必

3　複数の候補者が選出される単記非移譲式投票（SNTV：single nontransferable vote）においては、個人の業績や評価によって当選が決まる（Carey and Shugart 1995）。また建林（2013）は国政レベルと地方レベルが異なる選挙制度を持つため、マルチレベルの政治システムであるとし、議員のインセンティブ構造が異なるため、無所属議員が増えるとしている。また、多くの地方政治家は政党ラベルを形成することに高い価値を見出せなかったため、政策形成力の弱さという帰結をもたらしていることを示唆している。さらに建林（2017）は、選挙区定数が大きいほど、議員は個人本位化し、政党からの自立性を高めることを実証している。

表 8-3. 首長の権限と党派性

	首長の政党が議会多数を占める	無所属議員が多い
首長の権限が強い	首長が最も影響力を発揮する	首長は制度上の権限を行使する
首長の権限が弱い	政権党リーダーとしての影響力を発揮する	影響力は乏しい

（出典）待鳥（2017：5）をもとに作成。

要がある。待鳥（2017）は、選挙制度の比例性と執政長官の権限の2つから、執政長官の影響力の大きさを類型化している（表8-3）。

待鳥（2017）によれば、日本においては首長が予算の排他的提出権を持ち、政策過程で主導的役割を果たしているが、選挙制度により制約を受けているため、権力分立制としては中程度であるとしている。日本の地方議会においては大選挙区制でありながら、1人のみの名前を書いて投票する単記式であるため、無党派議員の増加を招いている。例えば完全な比例代表制にし、ドイツで採用されているような5％阻止条項を設ければ、小政党が乱立せず、無党派議員が減ると考えられる。砂原（2015b）は、大選挙区制のもとでの連記制は、有権者の選択が困難になることを指摘した上で、非拘束名簿式の比例代表制の導入を検討している。従来の投票と同じように個人に対して投票できることに加えて、考えの近い候補者が連合を組みやすいことを利点として挙げている。ただし、グローバル化の影響を受け、個人主義的な価値観が強まっている現状において、政党による地方政治の運用が好ましいかどうかは定かではない[4]。

総務省に設置された「地方議会・議員に関する研究会（座長：大橋洋一・学習院大学教授）」の報告書（2017）によれば、市区町村議会議員に係る選挙制度選択制として3つの方向を提示している。第1は、中規模から大規模自治体を想定し、政策・政党等本位の議会構成を促進する方向性であり、比例代表制を導入するものである。第2は、小規模から中規模自治体を想定し、現行

[4]　砂原（2015b）は、強い政党を形成する拘束名簿式よりも緩やかな結びつきとなる非拘束名簿式の方が好ましいことを指摘している。

の地域代表性に配慮しつつ、議員間のグループ化を促すとともに住民のより多様なニーズを反映する方向性である。これは制限連記制を導入しつつ、必要に応じて選挙区設置を進めるものである。第3は、小規模自治体を想定し、現行の地域代表性を基本的に維持しつつ、有権者の情報コストの軽減や投票環境の変化を促す方向性である。これは現行制度を維持しつつ、選挙区設置を進めるものである。これらの選挙制度選択制は、砂原（2015b）の穏やかな政党の形成を促進し、現行制度から無理のない範囲で現実的な提案であると考えられる。今後、首長の権限や党派性を踏まえて、地方議会の選挙制度の見直しを行うことが求められる。

3. 3　多様性を持つ地方議会

　本書において取り上げることができなかった論点として、夜間議会や通年議会の導入がある。全国市議会議長会（2017a）の「市議会の活動に関する実態調査結果：平成28年中」によると、夜間議会の事例は夕張市、大阪府大東市、熊本県荒尾市の3市であり、夜間議会の開催が普及している状況とはなっていない。夜間議会が導入される理由としては、議員の兼職を促すことに加え、傍聴者の増加が挙げられる。平日フルタイムで働く層が議員となる、あるいは傍聴することで、議員のなり手不足の解消や議会への関心の向上が図られる。夜間議会の開催導入に関しては、議員を少数精鋭化する方向と多数の住民が参加する方向とで、整合性が取れるようにしなければならない。議員を少数精鋭化する場合には、夜間議会の開催は不要であることが考えられる。平日フルタイムで働く層が議会を傍聴し、その際に請願や陳情を行うのであれば、導入のメリットがあると考えられるが、オンデマンドで配信するのであれば、傍聴の必要性もあるとは考えられない。そのため、夜間議会を導入するのは、兼業議員を増やし、議会に多数の住民が参加する方向で改革を進める町村議会が中心となると考えられる。

　通年議会に関しては、2012年の自治法改正により第102条の2が追加され、「条例で定めるところにより、定例会及び臨時会とせず、毎年、条例で定める日から翌年の当該日の前日までを会期とすることができる」と規定された。

通年議会を採用している市は全国 814 市のうち 29 市（3.6 %）となっており（全国市議会議長会 2017a）、夜間議会と同様に一般的に普及しているとはいえない。通年議会を導入する理由としては、専決処分をなくすこと及び審議時間の確保が指摘されている（高沖 2018）。自治法第 179 条に規定されている会議が開くことができない場合の専決処分が行われた際は、議会の承認を得なければならない（自治法第 179 条第 3 項）。議会の承認が得られなければ、専決処分の影響に効力がないため、議会が首長の追認機関ではなく、必要に応じて承認しないことを選択できれば、専決処分をなくす必要はないと考えられる。また鹿児島県阿久根市の事例を踏まえて、2012 年の自治法改正により、専決処分の対象から副知事又は副市町村長の選任の同意を除外することとされた。この改正により首長の権限は弱まり、専決処分を行うことの制度上の問題は、発生しないと考えられる。そのため、通年議会を導入する要因としては、審議時間を十分に確保するためであるといえ、現状の年 4 回の定例会では実施することが難しい公聴会の活用が促されると考えられる。

3.4　今後の展望

　今後の議会改革は、さらなる自治体間格差をもたらすと考えられる。各自治体が自らの意思に基づき、独自に取り組みを行ってきた 2006 年以降の地方議会改革は自治体間の格差を生み出していると指摘されている（神原他 2015）。自主的な取り組みの進んでいない議会は、現状において問題が生じていないことによる怠慢であると考えられる。こうした自治体は首長の権限、影響力の行使が強いままであっても問題がなく、議会不要論が出てくるとも考えられる。他方で、改革の取り組みを行ってきた議会は、正常な二元代表制が機能し始めると考えられる。

　議会改革の課題として、立法機能については改革の成果が十分にあるとはいえないと考えられる。長野（2017b）は、「地方議会の変化に対応した地自法の改正という視点」が必要であると指摘し、そこでは議案提出要件の廃止を挙げている。こうした制度的な見直しに加えて、立法を補佐する秘書や議会事務局の機能を向上させることが求められる。しかし、現在、多くの自治

体は財政的な余裕がある訳ではなく、十分な人やお金といった資源を有していないという課題に直面している。佐々木（2016）は、広域連携機関として、市町村の共同設置も視野に入れ、地方議会法制局を作ることを提言している。政務活動費の半分を用いることを提言しており、実現可能性の点から難しいと考えられるが、立法機能強化のための取り組みを複数の議会が協力して行うことも必要であるといえる。また礒崎（2017b）は、会派ごとに政策担当秘書を雇用する制度を作ることも考えられるが、現実的には難しいことを指摘している。その上で、事務局内に存在する、議員の政策活動に関わる職員が中立性を保つ「中立性神話」を克服する必要があるとしている[5]。

　今後の地方議会の展望を考える上で、総務省に設置された「町村議会のあり方に関する研究会（座長：小田切徳美・明治大学教授）」の報告書が参考となる[6]。報告書は 2018 年 3 月にまとめられ、集中専門型と多数参画型の 2 つの議会のあり方を提示している。集中専門型は、主たる業務として専業的に活動を行うものであり、生活給を保障する水準の議員報酬がイメージされている。他方で、多数参画型は、従たる職務として非専業的に活動するとして、生活給の保障はないものの、多数の有権者が議員として参画することがイメージされている。この 2 つの議会のあり方は、上橋（2004）や佐々木（2012）が指摘している、大都市においては、議員が専業となり、少数精鋭化することを考慮する一方で、小規模な町村については、報酬を減らし、定数を増やしていくという方向と同趣旨であると考えられる[7]。現行の議会制度を継続するか、専門集中型、多数参画型かのいずれを選ぶかは自治体の判断に委ねられることになる[8]。

5　中立性に関して、正木（2018）は政策立案の場面と議事運営の場面を分けて考え、倫理による線引きが必要であると指摘している。

6　総務省（2018）「町村議会のあり方に関する研究会」。
http://www.soumu.go.jp/main_sosiki/kenkyu/choson_gikai/index.html （2018 年 9 月 7 日確認）

7　同様の分類として、礒崎（2017b）は、専業・常勤で定数を抑制するプロフェッショナル型議会と、兼業・非常勤で多人数が参加するアマチュア型議会の方向に分類している。

　この多数参画型に対して、高沖（2018）は、議員は兼業して夜間の会議で役割が果たせるほど仕事が甘くないとして反対している。議員のなり手不足が問題となる町村議会に専門性を持つ専業議員を確保することは難しいため、兼業であったとしても、執政府が適切な行動を取っているかを監視する議員が求められる。こうした町村議会の状況を考慮するなら、立法機能の強化を通じて他の監視機能などを高めていくという改革の方向と、立法機能については執政府に委ね、議会としての監視機能を強化していく改革の方向を分けて、議会機能を強化していくことが考えられる。人口規模の大きい自治体においては、議会の立法機能を担うことが可能であり、議員のなり手不足が起こらないため、生活給を保障した専門性を持つ議員を確保することができると考えられる。他方で、人口規模の小さい自治体においては、資源の制約から監視機能を重視することになる。町村議会では、監視機能を強化し、監視機能を発揮する質疑・質問の過程を通して、問題を発見した場合に、議員間討議を行い、補完的な立法機能を果たしていくことが必要になるといえる。今後の議会の展望として、議会機能をフルセットで高めていく議会もあれば、特定の機能に純化し、監視機能を高めていく議会があってもよく、さらなる多様性を持つことが考えられる。いずれにせよ、議会の機能向上は、住民のためであり、住民の福祉が向上するように働くことが求められる。

　議会改革は、終わりがあるものではなく、絶え間なく行われる取り組みであり、その成果が表れているかどうかについては、選挙ごとに住民が判断しなければならない。また、積極的に住民が議会に参加していくことで、議会と住民の距離は縮まり、選好が反映されていく。自治体では二元代表制の強みを活かして、住民、首長、議会が協力し、ときには統制していくことが求められる。

8　政府は小規模自治体を対象に議員の兼職・兼業制限を緩和する方向で検討を進めている（読売新聞 2018 年 3 月 4 日）。

謝辞

　本研究は、JSPS 科研費 17K03561 の助成を受けたものである。本研究の成果は筆者自らの見解等に基づくものであり、所属研究機関、資金配分機関及び国の見解等を反映するものではない。

　本書の執筆に当たり、関西外国語大学兼任講師の北村知史氏、神戸学院大学法学部准教授の橋本圭多先生ならびに、国際経済労働研究所研究員の新倉純樹氏の協力を得た。また、ヒアリング調査にご協力頂いた吉田つとむ町田市議会議員及び町田市議会事務局の古谷健司氏、佐藤安弘氏、佐々木健氏に厚く御礼申し上げる。また、日本公共政策学会関西支部大会及び自治体学会において、多くの有益なコメントを頂いた。日本公共政策学会関西支部大会では、司会を務めて頂いた関西大学法学部教授の石橋章市朗先生から多くのアドバイスを賜り、自治体学会ではコメンテーターとして、首都大学東京准教授の長野基先生より、多くのご指摘を賜り、本研究の整理・見直しに大変役立った。本書を出版するに当たり、日本大学法学部教授の岩崎正洋先生より、出版社とのご縁を繋いで頂き、八千代出版の森口恵美子氏、井上貴文氏には多大なご協力を頂いた。ここに記して厚く御礼申し上げる。

参 考 文 献

日本語文献

吾郷貴紀（2006）「ゲーム理論による市民参加の分析」佐藤徹・櫻井常矢・増田正・友岡邦之編『地域政策と市民参加―「市民参加」への多面的アプローチ』ぎょうせい、366-386 頁。

芦立秀朗（2016）「地方議会改革と議会基本条例―自治基本条例との関係から」『京都産業大学世界問題研究所紀要』第 31 号、141-154 頁。

新井誠（2015）「自由討議について―地方議会における導入の意義・方法・課題」『広島法科大学院論集』第 11 号、211-232 頁。

礒崎初仁（2017a）『知事と権力―神奈川から拓く自治体政権の可能性』東信堂。

礒崎初仁（2017b）『自治体議員の政策づくり入門―「政策に強い議会」をつくる』イマジン出版。

井田正道（2005）「市議会議員定数に関する分析」『政經論叢』第 74 巻、第 1・2 号、185-206 頁。

市村充章（2011）「小山市における議会改革（議会基本条例、議員定数、議員報酬、政務調査費）の進展」『白鷗大学法政策研究所年報』第 4 号、23-81 頁。

伊藤修一郎（2002）『自治体政策過程の動態―政策イノベーションと波及』慶應義塾大学出版会。

伊藤修一郎（2003a）「景観まちづくり条例の展開と相互参照」『自治研究』第 79 巻、第 3 号、97-112 頁。

伊藤修一郎（2003b）「自治体政策過程における相互参照経路を探る―景観条例のクラスター分析」『公共政策研究』第 3 号、79-90 頁。

伊藤修一郎・辻中豊（2009）「市区町村におけるガバナンスの現況―市民社会組織を中心に」『レヴァイアサン』第 45 号、68-86 頁。

伊藤哲也（2018）「都道府県における議決事件の追加に関する研究」『公共政策志林』第 6 号、55-71 頁。

伊藤敏安（2016）「市町村合併の前後における議員定数と議員報酬の変化」『地域経済研究』第 27 号、3-26 頁。

猪野積（2015）『地方自治法講義（第 3 版）』第一法規。

梅原宏司（2007）「地方自治体の『文化行政』と、その背景をなす『市民』『自治』概念の関係についての一考察―松下圭一の思想を中心に」『文化経済学』第 5 巻、第 3 号（通号 22）、31-45 頁。

江口清三郎（1999）「地方議会と市民参加」『都市問題』第 90 巻、第 2 号、25-36 頁。

江藤俊昭（2002）「住民自治と地方議会―協働型議会への改革」『都市問題研究』第 54 巻、

第 7 号、58-73 頁。

江藤俊昭（2004a）『協働型議会の構想』信山社。

江藤俊昭（2004b）「地方分権における地方議会の課題—協働型議会の構想」『都市問題』第 95 巻、第 6 号、3-21 頁。

江藤俊昭（2006）「住民自治における地方議会の役割—議論の嵐をコップの中から外へ」『都市問題研究』第 58 巻、第 8 号、57-73 頁。

江藤俊昭（2007）『自治を担う議会改革—住民と歩む協働型議会の実現（増補版）』イマジン出版。

江藤俊昭（2008）「議員報酬の日当制の衝撃と一般化への危惧」『地方自治職員研修』第 41 巻、第 6 号（通号 573）、48-50 頁。

江藤俊昭（2009）「行政改革と議会改革—報酬と議員定数を考える」『日経グローカル』第 120 号、46-49 頁。

江藤俊昭（2011）『地方議会改革—自治を進化させる新たな動き』学陽書房。

江藤俊昭（2016）『議会改革の第 2 ステージ—信頼される議会づくりへ』ぎょうせい。

生沼裕（2013）「議会基本条例の分析と評価—北海道の議会基本条例を素材に」『年報公共政策学』第 7 号、211-235 頁。

大森彌（2002）『新版　分権改革と地方議会』ぎょうせい。

大森彌（2016）『自治体の長とそれを支える人びと』第一法規。

大森彌（2017）『人口減少時代を生き抜く自治体』第一法規。

大山英久（2007）「地方議会の公開と会議録をめぐって」『レファレンス』第 57 巻、第 6 号（通号 677）、31-46 頁。

大山礼子（2003）『国会学入門（第 3 版）』三省堂。

岡﨑加奈子（2015）「自治体議会における『議員間討議』の制度化と運用—自治体議会改革の中での『議員間討議』の役割は何か」『政策と調査』第 8 号、19-30 頁。

小倉一志（2008）「会議公開に関する憲法上の諸問題—地方議会における『委員会』傍聴不許可事件を素材として」『札幌法学』第 19 巻、第 2 号、55-77 頁。

小田切康彦（2014）「市民協働の評価—京都市調査データに基づく分析」『同志社政策科学研究』第 15 巻、第 2 号、59-76 頁。

片山善博（2007）『市民社会と地方自治』慶應義塾大学出版会。

加藤美穂子（2003）「地方財政における政治的要因の影響—地方歳出と地方の政治的特性に関する計量分析」『関西学院経済学研究』第 34 号、261-285 頁。

金井利之（2015）『自治体議会は必要か？』後藤安田記念東京都市研究所。

河北新報社編集局編（2011）『変えよう地方議会—3.11 後の自治に向けて』公人の友社。

鎌田健司（2010）「地方自治体における少子化対策の政策過程—『次世代育成支援対策に関する自治体調査』を用いた政策出力タイミングの計量分析」『政經論叢』第 78 巻、第 3・4 号、403-432 頁。

上橋泉（2004）「議員報酬論議に見る大都市圏住民の地方議員観（上）」『発言者』第 119 号、112-117 頁。

参 考 文 献

河村和徳（1996）「議員定数削減に関する計量分析」『法学政治学論究』第 29 号、391-413 頁。

川本達志（2017）『地方議員のための役所を動かす質問のしかた』学陽書房。

神原勝（2008）『自治・議会基本条例論—自治体運営の先端を拓く』公人の友社。

神原勝（2009）『［増補］自治・議会基本条例論—自治体運営の先端を拓く』公人の友社。

神原勝（2017）「自治体議会改革の到達点と課題」『ガバナンス』第 193 号、14-17 頁。

神原勝・江藤俊昭・廣瀬克哉・中尾修（2015）『議会改革はどこまですすんだか—改革 8 年の検証と展望』公人の友社。

木下康仁（1999）『グラウンデッド・セオリー・アプローチ—質的実証研究の再生』弘文堂。

後藤仁監修（2009）『二元代表制と議員・議会—活力創造の方策』地域科学研究会。

小林弘和（1993）「公聴会・参考人制度の利用—今日の住民参加の視点からの議会のあり方の検討を通して」西尾勝・岩崎忠夫編『地方政治と議会』ぎょうせい、341-357 頁。

小林良彰・中谷美穂・金宗郁（2008）「地方分権時代の議員意識」小林良彰・中谷美穂・金宗郁『地方分権時代の市民社会』慶應義塾大学出版会。

近藤春生（2013）「都道府県支出金の実証分析—都道府県パネル・データによる検証」『日本地方財政学会研究叢書』第 20 号、84-102 頁。

坂本治也（2010）『ソーシャル・キャピタルと活動する市民—新時代日本の市民政治』有斐閣。

佐々木信夫（2009）『現代地方自治』学陽書房。

佐々木信夫（2012）「地方議会の議員報酬、定数に関する考察」『経済学論纂』第 52 巻、第 3 号、401-416 頁。

佐々木信夫（2016）『地方議員の逆襲』講談社。

社会経済生産性本部総合企画部編（2003）『地方議会と住民参加—これからの地方自治体のあり方をめぐって』社会経済生産性本部。

鈴木恵・中本美智子・神牧智子（2004）「議会の活性化と市民との連携」『都市問題』第 95 巻、第 6 号、67-77 頁。

砂原庸介（2006）「地方政府の政策決定における政治的要因—制度的観点からの分析」『財政研究』第 2 巻、161-178 頁。

砂原庸介（2011）『地方政府の民主主義—財政資源の制約と地方政府の政策選択』有斐閣。

砂原庸介（2015a）『民主主義の条件』東洋経済新報社。

砂原庸介（2015b）「選挙制度と市町村議会の活性化」『地方議会人』第 45 巻、第 9 号、17-20 頁。

曽我謙悟・待鳥聡史（2007）『日本の地方政治—二元代表制政府の政策選択』名古屋大学出版会。

高沖秀宣（2018）『自治体議会改革講義』東京法令出版。

高木大資・池田謙一・針原素子・小林哲郎（2011）「近隣の範囲による社会関係資本の犯罪抑制効果の変動」『GIS—理論と応用』第 19 巻、第 2 号、69-80 頁。

高橋克紀（2019）「姫路市議会ほかで請願審査はどのようになされているか—兵庫県下五

市の会議録を使って」『姫路法学』第 62 号、1-64 頁。

竹下讓（2009）「地方行政から地方政治へ—議会こそ自治の主役」日経グローカル編『地方議会改革マニフェスト』日本経済新聞出版社、49-90 頁。

竹下讓（2010）『地方議会—その現実と「改革」の方向』イマジン出版。

建林正彦（2013）「日本における政党組織の中央地方関係」建林正彦編著『政党組織の政治学』東洋経済新報社、299-317 頁。

建林正彦（2017）『政党政治の制度分析—マルチレベルの政治競争における政党組織』千倉書房。

田中宏樹（2013）『政府間競争の経済分析—地方自治体の戦略的相互依存の検証』勁草書房。

田村明（2000）『自治体学入門』岩波書店。

田村健一（2006）「地方財政悪化の政治経済学的分析」『早稲田政治公法研究』第 83 号、1-28 頁。

田村健一（2013）「地方財政の政治経済学—党派性理論の検証」早稲田大学政治学研究科博士学位論文。
https://dspace.wul.waseda.ac.jp/dspace/bitstream/2065/44634/3/Honbun-6498.pdf
（2018 年 5 月 24 日確認）

千葉茂明（2011）「公務性から議員活動日数を算出し、市民に説明できる議員報酬・定数を確認—福島県会津若松市議会」『ガバナンス』第 117 号、122-125 頁。

築山宏樹（2011）「政策位置の多層構造—憲法改正問題を事例として」『公共選択の研究』第 57 号、46-58 頁。

築山宏樹（2015）「地方政府の立法的生産性—知事提出議案の実証分析」『公共選択』第 64 号、6-29 頁。

辻陽（2002）「日本の地方制度における首長と議会との関係についての一考察（二）」『法学論叢』第 152 巻、第 2 号、107-135 頁。

辻陽（2006a）「地方議会の党派構成・党派連合—国政レベルの対立軸か、地方政治レベルの対立軸か」『近畿大学法学』第 54 巻、第 2 号、72-128 頁。

辻陽（2006b）「地方議会と住民—地方議会における党派性と住民による請願・直接請求」『近畿大学法学』第 54 巻、第 3 号、126-170 頁。

辻陽（2015）『戦後日本地方政治史論—二元代表制の立体的分析』木鐸社。

辻中豊（1999）「審議会等の透明化・公開の政治学的意義」『都市問題研究』第 51 巻、第 11 号（通号 587）、57-69 頁。

土山希美枝（2017）『「質問力」でつくる政策議会』公人の友社。

中川内克行（2014）「全国市区議会調査から②—政務活動費、費用弁償、議員報酬　政務活動費、半数以上が使途非公開　額は微増、最多は大阪市の年 684 万円」『日経グローカル』第 249 号、32-37 頁。

中谷美穂（2008）「地方議員の役割意識」小林良彰・中谷美穂・金宗郁『地方分権時代の市民社会』慶應義塾大学出版会、93-119 頁。

長野基（2012）「市区町村議会の改革とその成果に関する計量的分析」『自治体学—自治体

学会誌』第 25 巻、第 1 号、88-95 頁。

長野基（2015）「議会事務局の仲介機能がカギに」『日経グローカル』第 267 号、48-51 頁。

長野基（2016）「条例分析　2015 年制定の議会基本条例に見る議会改革の動向」廣瀬克哉・自治体議会改革フォーラム編『議会改革白書 2016 年版』生活社、95-107 頁。

長野基（2017a）「自治体議会改革の構造と政策出力—市町村議会パネルデータからの実証分析」『季刊行政管理研究』第 157 号、17-31 頁。

長野基（2017b）「議会改革と地方自治法」『月刊自治研』第 59 巻、第 690 号、46-53 頁。

長野基（2018）「統計で見る自治体議会の変容」廣瀬克哉編著『自治体議会改革の固有性と普遍性』法政大学出版局、12-41 頁。

中邨章（2016）『地方議会人の挑戦—議会改革の実績と課題』ぎょうせい。

新川達郎（2015）「地域の課題を誰が担うのか—担い手の多様化と協働の思潮の中で」『都市問題』第 106 巻、第 5 号、4-16 頁。

西尾勝（1977）『都民参加の都政システム』東京都都民生活局企画部。

西鳥羽和明（2002）「特集　地方議会の情報公開」『季報情報公開』第 7 号、2-7 頁。

日経グローカル編（2011）『地方議会改革の実像—あなたのまちをランキング』日本経済新聞出版社。

丹羽功（2007）「地方議会における議員定数の動向」『近畿大学法学』第 55 巻、第 2 号（通号 147）、65-93 頁。

野村稔（1997）「地方分権に伴う地方議会活性化の方策」『法学セミナー』第 513 号、96-99 頁。

野村稔（2000a）「議会の情報公開をどう進めるか—公開範囲の拡大よりも運営方法の改革に目を向けよ！」『地方分権』第 16 号、28-31 頁。

野村稔（2000b）「代表機関と住民の鑑定」大森彌編著『分権時代の首長と議会』ぎょうせい、292-302 頁。

濱本真輔（2010）「地方議会の現状—代表、統合、立法機能の観点から」辻中豊・伊藤修一郎編著『ローカル・ガバナンス—地方政府と市民社会』木鐸社、131-146 頁。

廣瀬克哉（2011）「地方議会改革の動向と可能性—議会報告会の実践から考える」『都市問題』第 102 巻、第 3 号、79-86 頁。

広瀬重雄・西科純・蘆田千秋・神原勝（2016）『ここまで到達した芽室町議会改革—芽室町議会改革の全貌と特色』公人の友社。

布施匡章（2008）「持ち家のソーシャル・キャピタル形成に与える影響に関する分析」大阪大学博士学位論文。
　http://ir.library.osaka-u.ac.jp/dspace/handle/11094/86（2018 年 5 月 24 日確認）

古川俊一・森川はるみ（2006）「地方自治体における評価の波及と生成過程の分析」『日本評価研究』第 6 巻、第 1 号、133-146 頁。

穂坂邦夫（2009）「地方議会改革への方策—住民に求められるこれからの議会」後藤仁監修『二元代表制と議員・議会—活力創造の方策』地域科学研究会、49-56 頁。

本田正美（2010）「議会基本条例に見る地方議会の広報活動」『日本社会情報学会全国大会

研究発表論文集』第 25 号、311-316 頁。

本田正美 (2011)「地方議会の広報活動に関する事例研究—栗山町議会の事例を中心とし
　　て」『情報学研究—東京大学大学院情報学環紀要』第 80 号、85-100 頁。

本田正美 (2013)「地方議会会議録の電子化に関する現状と課題」『情報知識学会誌』第
　　23 巻、第 2 号、273-278 頁。

正木寛也 (2018)「議会事務局の役割—国政における議論をてがかりとして」廣瀬克哉編
　　著『自治体議会改革の固有性と普遍性』法政大学出版局、60-77 頁。

待鳥聡史 (2017)「地方議会改革の文脈を再考する」『地方自治』第 840 号、2-16 頁。

松本俊太 (2014)「連邦議会指導部によるコミュニケーション戦略の発達と 2012 年連邦議
　　会選挙」吉野孝・前嶋和弘編著『オバマ後のアメリカ政治—2012 年大統領選挙と分断
　　された政治の行方』東信堂、125-158 頁。

松本俊太・松尾晃孝 (2011)「国会議員はなぜ委員会で発言するのか？—政党・議員・選
　　挙制度」『選挙研究』第 26 巻、第 2 号、84-103 頁。

松本英昭 (2003)『要説　地方自治法（第一次改訂版）—新地方自治制度の全容』ぎょう
　　せい、272-297 頁。

真山達志 (2001)『政策形成の本質—現代自治体の政策形成能力』成文堂。

馬渡剛 (2010)『戦後日本の地方議会—1955 ～ 2008』ミネルヴァ書房。

三重県議会編著 (2009)『三重県議会—その改革の軌跡』公人の友社。

村松岐夫 (1988)『地方自治』東京大学出版会。

村松岐夫・伊藤光利 (1986)『地方議員の研究』日本経済新聞社。

八木大二郎 (2012)「自治体議員の自治立法」中邨章監修、牛山久仁彦・廣瀬和彦編『自
　　治体議会の課題と争点—議会改革・分権・参加』芦書房、121-145 頁。

山崎正 (2003)『地方議員の政治意識—マニフェスト時代の地方議員を採点する』日本評
　　論社。

山谷清志 (1999)「分権化時代における地方議会—地域における議会制民主主義の可能性」
　　『総合政策』第 1 巻、第 2 号、155-172 頁。

吉岡喜吉 (2005)「人口・世帯・居住の形態から計量される内部結束型ソーシャル・キャ
　　ピタル」山内直人・伊吹英子編『日本のソーシャル・キャピタル』大阪大学大学院国際
　　公共政策研究科 NPO 研究情報センター、49-56 頁。

吉田利宏 (2016)『地方議会のズレの構造』三省堂。

早稲田大学マニフェスト研究所議会改革調査部会編 (2014)『あなたにもできる議会改革
　　—改革ポイントと先進事例』第一法規。

英語文献

Arnstein, Sherry (1969) "A Ladder of Citizen Participation," *Journal of the American
　　Planning Association*, Vol.35, No.4, pp.216-224.

Austen-Smith, David (1990) "Information Transmission in Debate," *American Journal
　　of Political Science*, Vol.34, No.1, pp.123-152.

Barabas, Jason (2004) "How Deliberation Affects Policy Opinions," *American Political Science Review*, Vol.98, No.4, pp.687-701.

Blondel, Jean (1973) *Comparative Legislatures*, Prentice Hall.

Carey, John and Matthew Shugart (1995) "Incentives to Cultivate a Personal Vote: A Rank Ordering of Electoral Formulas, " *Electoral Studies*, Vol.14, No.4, pp.417-439.

Collier, Ruth Berins and David Collier (1991) *Shaping the Political Arena: Critical Junctures, the Labor Movement, and Regime Dynamics in Latin America*, Princeton University Press.

Connor, Desmond (1988) "A New Ladder of Citizen Participation," *National Civic Review*, Vol.77, No.3, pp.249-257.

Franklin, Mark and Philip Norton (1993) "Questions and Members," in Mark Franklin and Philip Norton eds., *Parliamentary Questions*, Clarendon Press.

Fukumoto, Kentaro (2008) "Legislative Production in Comparative Perspective: Cross-Sectional Study of 42 Countries and Time-Series Analysis of the Japan Case," *Japanese Journal of Political Science*, Vol.9, No.1, pp.1-19.

George, Alexander and Andrew Bennett (2005) *Case Studies and Theory Development in the Social Sciences*, The MIT Press.

Heywood, Andrew (2013) *Politics 4th edition*, Palgrave Foundations.

Hibbs, Douglas (1994) "The Partisan Model of Macroeconomic Cycles: More Theory and Evidence for the United States," *Economics & Politics*, Vol.6, No.1, pp.1-23.

King, Gary, Robert Keohane and Sidney Verba (1994) *Designing Social Inquiry: Scientific Inference in Qualitative Research*, Princeton University Press.

Laver, Michael and Ben Hunt (1992) *Policy and Party Competition*, Routledge.

Laver, Michael and Kenneth Shepsle (1996) *Making and Breaking Governments: Cabinets and Legislatures in Parliamentary Democracies*, Cambridge University Press.

Mackie, Gerry (2006) "Does Democratic Deliberation Change Minds?," *Politics, Philosophy & Economics*, Vol.5, No.3, pp.279-303.

Mayhew, David (1974) *Congress: The Electoral Connection*, Yale University Press.

McCubbins, Mathew and Thomas Schwartz (1984) "Congressional Oversight Overlooked: Police Patrols Versus Fire Alarms," *American Journal of Political Science*, Vol.28, No.1, pp.165-179.

Polsby, Nelson (1975) "Legislature," in Fred I. Greenstein and Nelson Polsby eds., *Handbook of Political Science*, Vol.5, Addison-Wesley, pp.257-320.

Prokcsch, Sven-Oliver and Jonathan Slapin (2015) *The Politics of Parliamentary Debate: Parties, Rebels and Representation*, Cambridge University Press.

Putnam, Robert (1993) *Making Democracy Work: Civic Traditions in Modern Italy*, Princeton University Press.

Rose, Richard (1991) "What is Lesson-Drawing," *Journal of Public Policy*, Vol.11, No.1, pp.3–30.

Strøm, Kaare（1998）"Parliamentary Committees in European Democracies," *The Journal of Legislative Studies*, Vol.4, No.1, pp.21–59.

Tsebelis, George（2002）*Veto Players: How Political Institutions Work*, Princeton University Press.

参考資料

『朝日新聞』。

朝日新聞（2015）「全国自治体議会アンケート」。

http://www.asahi.com/politics/2015gikaienquete/（2016 年 8 月 30 日確認）

栗山町議会（2008）「栗山町議会基本条例の一部を改正する条例」。

http://www.town.kuriyama.hokkaido.jp/gikai/activity/file/a_008.pdf（2018 年 9 月 11 日確認）

国土交通省国土地理院測図部調査資料課『平成 25 年全国都道府県市区町村別面積調』。

佐井村議会（2017）「さい議会だより No.177」。

http://www.vill.sai.lg.jp/media/assembly/2017_177.pdf（2018 年 9 月 13 日確認）

『産経新聞』。

山陽小野田市（2013）「山陽小野田市議会」。

http://www.city.sanyo-onoda.lg.jp/site/sigikai/（2018 年 5 月 24 日確認）

自治体議会改革フォーラム「議会基本条例制定状況（自治体リスト）」。

http://www.gikai-kaikaku.net/gikaikaikaku_kihonjourei.html（2016 年 5 月 7 日確認）

自治体議会改革フォーラム（2017）「全国自治体議会の運営に関する実態調査 2017【集計表（2017 年 7 月 21 日段階）】」。

http://www.gikai-kaikaku.net/pdf/2017enq_date_20170729.pdf（2018 年 10 月 1 日確認）

静岡市（2014）「『市議会広報』に関するアンケート調査」。

http://www.city.shizuoka.jp/000672745.pdf（2017 年 10 月 27 日確認）

全国市議会議長会「市議会議員定数・報酬に関する調査結果：平成 26 年 12 月 31 日現在」。

http://www.si-gichokai.jp/publish/chousa/teisu/1190094_2305.html（2016 年 11 月 7 日確認）

全国市議会議長会（2017a）「市議会の活動に関する実態調査結果：平成 28 年中」。

http://www.si-gichokai.jp/research/jittai/1195652_1953.html（2018 年 9 月 7 日確認）

全国市議会議長会（2017b）「市議会議員の属性に関する調：平成 29 年 8 月集計」。

http://www.si-gichokai.jp/research/zokusei/1195957_2322.html（2018 年 10 月 1 日確認）

全国町村議会議長会「町村議会実態調査結果の概要」。

http://www.nactva.gr.jp/html/research/index.html（2016 年 11 月 7 日確認）

総務省（2014）「指標の説明」。

http://www.soumu.go.jp/main_content/000391565.pdf（2016 年 11 月 7 日確認）

参 考 文 献

総務省「地方選挙結果調」。

　http://www.soumu.go.jp/senkyo/senkyo_s/data/chihou/index.html（2017 年 10 月 27 日
　確認）

総務省（2013）「指定都市一覧」。

　http://www.soumu.go.jp/main_sosiki/jichi_gyousei/bunken/shitei_toshi-ichiran.html
　（2018 年 5 月 24 日確認）

総務省（2018）「町村議会のあり方に関する研究会」。

　http://www.soumu.go.jp/main_sosiki/kenkyu/choson_gikai/index.html（2018 年 9 月 7
　日確認）

総務省（2017）「地方議会・議員に関する研究会」。

　http://www.soumu.go.jp/main_sosiki/kenkyu/c-gikai_giin_kenkyu/index.html（2018
　年 9 月 7 日確認）

総務省自治税務局市町村税課『平成 25 年市町村課税状況等の調』。

総務省自治財政局財務調査課『平成 25 年地方財政状況調査』。

総務省統計局統計調査部国勢統計課『平成 20 年住宅・土地統計調査』。

総務省統計局統計調査部国勢統計課『平成 22 年国勢調査』。

第 29 次地方制度調査会（2009）「今後の基礎自治体及び監査・議会制度のあり方に関する
　答申について」。

　http://www.soumu.go.jp/main_content/000034495.pdf（2018 年 10 月 1 日確認）

千曲市議会（2013）「議会だより」。

　http://www.city.chikuma.lg.jp/gikai/docs/2017060700045/（2018 年 9 月 12 日確認）

地方自治総合研究所（2014）『全国首長名簿　2013 年度版』地方自治総合研究所。

東京財団政策研究所（2011）「議会基本条例『東京財団モデル』普及度合いの検証」。

　http://www.tkfd.or.jp/files/doc/2010-14.pdf（2018 年 5 月 24 日確認）

名古屋市（2011）「市会だより第 126 号　議員報酬について―全会一致で制定しました」。

　http://www.city.nagoya.jp/shikai/page/0000024531.html（2017 年 11 月 16 日確認）

『日本経済新聞』。

廣瀬克哉・自治体議会改革フォーラム編（2013）『議会改革白書 2013 年版』生活社。

廣瀬克哉・自治体議会改革フォーラム編（2014）『議会改革白書 2014 年版』生活社。

廣瀬克哉・自治体議会改革フォーラム編（2016）『議会改革白書 2016 年版』生活社。

藤沢市議会（2012）「市議会に関するアンケート結果」。

　http://shigikai.city.fujisawa.kanagawa.jp/voices/GikaiDoc/attach/shiryo3/Sr3B2_anke-
　tokekka%20honbun.pdf（2017 年 10 月 27 日確認）

町田市「町田市の人口」。

　https://www.city.machida.tokyo.jp/shisei/toukei/setai/matidasinojinnkou.html（2018
　年 10 月 1 日確認）

町田市議会「第 15 期町田市議会改革調査特別委員会」議事録

町田市議会「町田市議会改革調査特別委員会」議事録

町田市議会「議会改革調査特別委員会」議事録

町田市議会（2017）「行政視察調査事項〈議会改革の取り組み〉」。

町田市議会「視察のご案内」。

　https://www.gikai-machida.jp/shisatsu.asp（2018 年 10 月 1 日確認）

町田市議会（2018）「町田市議会改革（活性化）の取り組みについて」。

　http://www.gikai-machida.jp/gikaikaikaku20181001.pdf（2018 年 10 月 1 日確認）

町田市議会「町田市議会申し合わせ事項」。

　http://www.gikai-machida.jp/g07_shiryo1.asp（2018 年 10 月 1 日確認）

三重県議会（2006）「三重県議会基本条例」。

　http://www.pref.mie.lg.jp/KENGIKAI/07800008292.htm（2018 年 9 月 11 日確認）

『読売新聞』。

早稲田大学マニフェスト研究所議会改革調査部会（2016）「議会改革度調査 2016」。

　http://www.maniken.jp/gikai/2016_kihonjorei.pdf（2017 年 10 月 30 日確認）

初出一覧

【第 1 章】加藤洋平・木下健（2018）「地方議会改革の検証—改革の形態と成果の関係」
　　『流経法學』第 17 巻、第 2 号、31-60 頁。

【第 2 章】木下健・加藤洋平・北村知史「住民参加に関する地方議会改革の検証」『福岡工
　　業大学研究論集』第 51 巻、第 1 号、15-27 頁。

【第 4 章】木下健・加藤洋平「議会改革の検証—議会改革は定数及び報酬を引き下げる効
　　果を持つか」『自治体学』第 31 巻、第 1 号、74-79 頁。

【第 6 章】加藤洋平・木下健「議会改革によって立法機能は向上したか」『流経法學』第
　　18 巻、第 1 号、1-19 頁。

【第 7 章】加藤洋平・木下健「町田市議会における改革過程の検証」『流経法學』第 18 巻、
　　第 2 号、71-97 頁。

索　引

著 者 紹 介

木下　健（きのした　けん）
1987 年生まれ。福岡工業大学社会環境学部助教。
【主要著書・論文】
『政治家はなぜ質問に答えないか―インタビューの心埋分析』
（ミネルヴァ書房、2018 年）。
『二院制論―行政府監視機能と民主主義』（信山社、2015 年）。
「第一次安倍政権」岩渕美克・岩崎正洋編著『日本の連立政権』
（八千代出版、2018 年）。
「安保法制をめぐる政治過程」岩井奉信・岩崎正洋編著『日本政治
とカウンター・デモクラシー』（勁草書房、2017 年）。

加藤　洋平（かとう　ようへい）
1987 年生まれ。流通経済大学法学部助教。
【主要論文】
「自治体組織における組織間関係―内部管理からの分析」『流経法學』
第 18 巻、第 2 号（2019 年）。
「自治体組織における職場の課題―コミュニケーションと意思決定
過程に着目して」『同志社政策科学研究』第 19 巻、第 1 号（2017 年）。
「自治体組織における変革の過程とメカニズム―変革を可能にする
要因の抽出」『年報行政研究』第 51 号（2016 年）。
「自治体行政と協働」今川晃編『地方自治を問いなおす―住民自治
の実践がひらく新地平』（法律文化社、2014 年）。

地方議会改革の進め方

2020 年 1 月 17 日　第 1 版 1 刷発行

著　者―木下健・加藤洋平
発行者―森　口　恵美子
印刷所―壮光舎印刷㈱
製本所―グリーン㈱
発行所―八千代出版株式会社
　〒101
　-0061　東京都千代田区神田三崎町 2-2-13
　TEL　　03-3262-0420
　FAX　　03-3237-0723
　振替　　00190-4-168060

＊定価はカバーに表示してあります。
＊落丁・乱丁本はお取替えいたします。

ISBN978-4-8429-1760-3
©2020　K. Kinoshita and Y. Kato